Apontamentos para o Futuro

Apontamentos para o Futuro
Palavras de Sabedoria

Nelson Mandela

Introdução do arcebispo Desmond Tutu
Edição: Sello Hatang e Sahm Venter
Assistente de edição: Doug Abrams

Tradução de Nina Bandeira

Rocco

Título original
NOTES TO THE FUTURE
Words of Wisdom

Primeiramente produzido e criado pela
PQ Blackwell Limited,
116 Symonds Street, Auckland 1010, Nova Zelândia
www.pqblackwell.com

Copyright © 2012 Nelson R. Mandela
e The Nelson Mandela Foundation.
Excertos páginas 181-187, extraídos da Palestra Nobel,
de Nelson Mandela. © The Nobel Foundation, 1933.

Todos os direitos reservados, incluindo o de reprodução
no todo ou em parte sob qualquer forma.

Design: Ruth Lee-Mui

PROIBIDA A VENDA EM PORTUGAL

Direitos para a língua portuguesa reservados
com exclusividade para o Brasil à
EDITORA ROCCO LTDA.
Av. Presidente Wilson, 231 – 8º andar
20030-021 – Rio de Janeiro – RJ
Tel.: (21) 3525-2000 – Fax: (21) 3525-2001
rocco@rocco.com.br
www.rocco.com.br

Printed in Brazil/Impresso no Brasil

CIP-Brasil. Catalogação na fonte.
Sindicato Nacional dos Editores de Livros, RJ.

M153a   Mandela, Nelson, 1918-
Apontamentos para o futuro: palavras de sabedoria / Nelson
Mandela; tradução de Nina Bandeira. – Rio de Janeiro: Rocco,
2013.

Tradução de: Notes to the future
ISBN 978-85-325-2827-8

1. Mandela, Nelson, 1918 – Citações. 2. Prisioneiros políticos –
África do Sul – Citações. 3. Presidentes – África do Sul – Citações,
máximas etc. 4. África do Sul – Política e governo – Séc. XX –
Citações, máximas etc. I. Título.

13-0046   CDD–082
                                                              CDU–088

Um bom texto também pode nos lembrar dos momentos mais felizes de nossas vidas, trazer ideias nobres a nossos refúgios, nosso sangue e nossas almas. Pode transformar a tragédia em esperança e vitória.

De uma carta a Zindzi Mandela,
escrita na Ilha de Robben, 10 de fevereiro de 1980

SUMÁRIO

INTRODUÇÃO – Arcebispo Desmond Tutu 11

PARTE UM: LUTA 17
  Aqueles cujos ombros nos sustentam 18
  Se eu pudesse começar de novo 20
  A causa que eu defendia 22
  Inimigos do racismo 24
  Deixem de pensar em termos de cor 26
  Alcancei a maturidade como um guerreiro da liberdade 28
  Planejei uma sabotagem 30
  Se eu tiver de morrer 32
  A coragem não era a ausência do medo 34
  Não podia me entregar ao desespero 36
  Quando decidimos pegar em armas 38
  A arma mais poderosa não é a violência 40
  Jamais se pode tomar a liberdade como garantida 42
  Por amor à liberdade 44
  A prisão propriamente dita 46
  A prisão não rouba apenas sua liberdade 48
  Queriam abater nosso ânimo 50

A prisão era como uma prova de fogo 52
Escrever uma carta na prisão 54
A falsa imagem 56
Praticamente uma viúva 58
O opressor tal qual o oprimido 60
O nobre coro 62

Parte dois: VITÓRIA 65
Saúdo a todos em nome da paz 66
O primeiro presidente eleito democraticamente 68
As liberdades trazidas pela democracia 70
Ceder é a única alternativa 72
Se você está negociando 74
Depositar meu primeiro voto 76
Um verdadeiro líder 78
Escolhemos a reconciliação 80
Precisamos perdoar o passado 82
Não sou especialmente religioso 84
Precisamos de instituições religiosas 86
Nossas diferenças são a nossa força 88

Parte três: SABEDORIA 91
Nenhum de nós é uma superestrela 92
A paz é a maior das armas 94
A natureza do crescimento 96
Senhores do próprio destino 98
Transformar nosso sofrimento comum em esperança 100
Cheios de contradições 102
A capacidade da memória 104

Amigos fiéis e confiáveis 106

Levantar-se sempre que cair 108

Eu fraquejei 110

Que a humanidade produza santos 112

Não há poder na Terra que se compare 114

A educação é o grande motor 116

Meu passatempo favorito 118

Falo de cultura 120

Diante das crianças 122

Apenas por seus cabelos grisalhos 124

Não pode desarrumar meu cabelo 126

O esporte tem o poder de mudar o mundo 128

Na condição de herói 130

Um traço de bondade 132

A diferença que fizemos 134

Ninguém nasce odiando outra pessoa 136

Preparar um plano mestre 138

Aprendemos a lição 140

É chegada a hora de que eu me retire 142

Parte quatro: FUTURO 145

Era meu dever 146

O futuro pertence à nossa juventude 148

A única base para a felicidade humana 150

A AIDS deixou de ser apenas uma doença 152

A erradicação da pobreza 154

Cativos na prisão da pobreza 156

O papel e o lugar das mulheres 158

Críticas são necessárias em qualquer sociedade 160

Uma cultura de afeto 162
As bases da vida espiritual do indivíduo 164
As questões de direitos humanos estão arraigadas 166
País nenhum, por mais poderoso que seja 168
O guardião de nossos irmãos e irmãs 170
Todas as partes de nosso planeta 172
Desafiaremos os atuais mercadores do ceticismo 174
O único caminho aberto 176
Um futuro brilhante nos acena 178

Discurso de aceitação do Prêmio Nobel da Paz, 1993 181
Agradecimentos 188
Bibliografia selecionada 190

INTRODUÇÃO

– Arcebispo Desmond Tutu

O livro que você tem em mãos é nada menos que um milagre. As palavras que ele contém foram negadas ao mundo por quase quatro décadas. Desde dezembro de 1952, quando Nelson Rolihlahla Mandela foi banido pelo governo do *apartheid*, até sua gloriosa libertação em fevereiro de 1990, era crime sujeito a pena de prisão citá-lo ou a seus escritos. Mandela jamais foi silenciado. Suas palavras eram ditas, quando muito, em sussurros apressados de desafio, ou contrabandeadas para fora da prisão e divulgadas por companheiros exilados. O fato de Mandela ser hoje uma das pessoas mais citadas do mundo representa uma virada extraordinária e atesta o fato de que a verdade não pode ser silenciada nem a sabedoria, detida.

* * *

As palavras neste livro pertencem ao mais admirado e reverenciado líder político do mundo e um dos maiores seres humanos que já caminharam sobre a Terra. Por que ele provoca tamanha comoção? Não porque tenha poder em qualquer sentido convencional. Não foi comandante em chefe de uma grande potência militar. Mas o que o mundo reconhece é sua ascendência moral. Quando o mundo responde quem são as pessoas grandiosas, geralmente não se mencionam grandes generais. Em nossos melhores momentos e bem lá no fundo, sabemos que a bondade e a honradez e a coragem são atributos admiráveis a que aspiramos. Não é fascinante que possamos invejar e até respeitar os executivos motivados e bem-sucedidos, mas que raramente sejamos impelidos a amá-los? Porém, o que acontece quando o mundo é confrontado com um Gandhi, uma Madre Teresa ou um Mandela? Somos tomados de emoção, de admiração, e chegamos mesmo a adorá-los e a amá-los. Reconhecemos sua bondade e queremos imitá-la. Queremos citar suas palavras e segui-las em nossas vidas.

Estão aqui reunidas as citações mais inspiradoras e duradouras de Mandela, que sobreviverão por gerações. Não são as palavras efêmeras do político, mas as palavras eternas do chefe de Estado. Não são as palavras temporâneas do ativista, mas as palavras atemporais do humanitário. E você verá, do início ao fim, a humanidade, o humor e a esperança enormes que lhe permitiram suportar 27 anos de prisão e sair enobrecido pela experiência. Você verá o homem que aproveitou cada momento de cativeiro para aprimorar a si mesmo e a seus camaradas, de forma a estarem prontos para governar. Você verá o homem superior às lendas que se criaram durante sua longa ausência: capaz de perdoar seus carcereiros, ser gentil com antigos inimigos, buscar reconciliação para seu país e, no fim, abrir mão humildemente do poder.

Muitas destas citações são publicadas aqui pela primeira vez e vêm de suas cartas da prisão para a mulher, os filhos e os amigos, além do manuscrito autobiográfico inédito escrito na Ilha de Robben. Nestas páginas, você também encontrará suas palavras mais famosas e apreciadas.

Mesmo nestes tempos em que tantas citações – muitas delas incorretas – estão disponíveis na internet, nada se compara a sentar-se e ler todas estas passagens em conjunto. É como uma visita a nosso mais eminente ancião global, que oferece generosamente sua sabedoria para o aprendizado de todos. É como sentar-se para tomar uma xícara de chá de rooibos* e ter uma longa conversa com este grande homem.

Na prisão, Mandela conheceu o poder das palavras, e foi somente por meio de seus apontamentos pungentes, suas cartas afetuosas ou suas declarações contrabandeadas que pôde libertar a mente do encarceramento. Mas existe outra prisão, à qual nenhum de nós pode escapar. É uma prisão que não reside no espaço, mas no tempo. É nossa mortalidade. Esta coletânea de suas citações mais memoráveis e duradouras é apresentada na esperança de libertar dessa prisão suas palavras, antes banidas, e permitir às futuras gerações que as ouçam, para inspirar-se em seu exemplo de coragem e almejar a liberdade, a justiça e a democracia para todos. Estes são os apontamentos de Mandela para o futuro. Leia-os, releia-os e viva segundo seus princípios. O chamado da história chega a cada um de nós de forma particular, no momento certo. Todos nós somos capazes de grandeza, e o mundo precisa da sua parcela.

Cidade do Cabo, África do Sul, junho de 2011

---

* Tradicional chá vermelho sul-africano. [N. da T.]

Não é meu costume usar as palavras de forma leviana. Se 27 anos de prisão nos causaram algo, foi usar o silêncio da solidão para nos fazer compreender o quanto são preciosas as palavras, e como é real o impacto do discurso na forma como as pessoas vivem e morrem.

Discurso de encerramento da
XIII Conferência Internacional de AIDS,
Durban, África do Sul, 14 de julho de 2000

PARTE UM
LUTA

Pode-se perceber que "não há caminho fácil para a liberdade em parte alguma", e que muitos de nós precisarão andar pelo vale da sombra da morte muitas e muitas vezes antes de alcançar o ápice de nossos desejos.

> Citando Jawaharlal Nehru em discurso presidencial
> à Conferência do Congresso Nacional Africano (CNA)
> do Transvaal, também conhecido como discurso
> "Não há caminho fácil para a liberdade",
> Transvaal, África do Sul, 21 de setembro de 1953

AQUELES CUJOS OMBROS NOS SUSTENTAM

Não devemos nos esquecer jamais daqueles cujos ombros nos sustentam e daqueles que pagaram o preço supremo pela liberdade.

> Ao receber o monumento Liberdade de Howick,
> Howick, África do Sul, 12 de dezembro de 1996

Na medida em que fui capaz de conquistar alguma coisa, sei que isso ocorreu porque sou um produto do povo da África do Sul.

> Sessão de encerramento do primeiro Parlamento
> eleito democraticamente,
> Cidade do Cabo, África do Sul, 26 de março de 1999

Viemos de um povo que, por não aceitar ser tratado como sub-humano, redimiu a dignidade da humanidade inteira em toda parte.

Em discurso ao Parlamento do Canadá,
Ottawa, Canadá, 18 de junho de 1990

SE EU PUDESSE COMEÇAR DE NOVO

Muitas vezes me perguntei se é justificável uma pessoa negligenciar sua família para lutar por oportunidades para os outros.

> De manuscrito autobiográfico inédito
> escrito na Ilha de Robben, 1975

Se eu pudesse começar de novo, faria o mesmo outra vez. Também agiria assim qualquer homem que ousa dizer-se homem.

> Em depoimento para redução de sentença após ser condenado por incitar os trabalhadores à greve e deixar o país ilegalmente, Velha Sinagoga, Pretória, África do Sul, 7 de novembro de 1962

Há muitas coisas que o incomodam quando seus filhos crescem sem você.

> Do documentário *Mandela: The Living Legend*, 2003

Um dos sonhos que eu tinha constantemente na prisão era estar a caminho de casa, ser libertado no meio da cidade e precisar caminhar do centro até o Soweto e, ao chegar a casa, descobrir que a porta está aberta e não há ninguém ali, e preocupar-me com o que pode ter acontecido a Winnie e às crianças.

> De um documentário da BBC (Reino Unido), 1996

Eu mesmo não percebia todas as implicações da vida que escolhera.

> De uma entrevista, por volta de 1993

A CAUSA QUE EU DEFENDIA

A lei me transformou em criminoso, não pelo que fiz, mas pela causa que defendia, pelo que pensava, pela minha consciência.

> Em depoimento para redução de sentença após ser condenado por incitar trabalhadores à greve e deixar o país ilegalmente, Velha Sinagoga, Pretória, África do Sul, 7 de novembro de 1962

Só posso dizer que me senti moralmente obrigado a fazer o que fiz.

> Declaração no banco dos réus,
> Julgamento de Rivonia, Palácio da Justiça,
> Pretória, África do Sul, 20 de abril de 1964

Teria sido imoral ficar quieto enquanto uma tirania racista buscava reduzir todo um povo a uma situação pior que a das bestas na floresta.

> Em discurso a uma sessão conjunta das Casas do Congresso,
> Washington DC, EUA, 26 de junho de 1990

Permanecerá para sempre uma acusação e um desafio a todos os homens e mulheres de consciência ter levado o tempo que levou até todos nos levantarmos para dizer "basta".

> Em discurso ao Comitê Especial da Organização
> das Nações Unidas (ONU) contra o *Apartheid*,
> ONU, Nova York, EUA, 22 de junho de 1990

INIMIGOS DO RACISMO

Quero deixar claro de uma vez por todas que não sou racialista e que detesto o racialismo, pois o considero algo bárbaro, quer venha de um negro ou de um branco.

> De um requerimento para desqualificação do magistrado
> Sr. W. A. Van Helsdingen, Velha Sinagoga,
> Pretória, África do Sul, 22 de outubro de 1962

Nós, do CNA, sempre defendemos uma democracia não racial e recuamos diante de qualquer ação que pudesse aumentar ainda mais o afastamento existente entre as raças. Mas o fato é que cinquenta anos de não violência apenas trouxeram ao povo africano uma legislação cada vez mais repressiva, e cada vez menos direitos.

> Declaração no banco dos réus,
> Julgamento de Rivonia, Palácio da Justiça,
> Pretória, África do Sul, 20 de abril de 1964

Detesto a supremacia branca e lutarei contra ela com todas as armas em que puser as mãos.

> De uma carta ao general Du Preez, diretor prisional,
> escrita na Ilha de Robben, 12 de julho de 1976

A ciência e a experiência também demonstraram que nenhuma raça é superior às demais por natureza, e este mito tem sido igualmente despedaçado sempre que negros e brancos recebem oportunidades iguais de desenvolvimento.

> De um ensaio intitulado
> "Whither the Black Consciousness Movement",
> escrito na Ilha de Robben, 1978

Não somos inimigos senão do racismo e da opressão.

> Conferência Nacional do CNA sobre reconstrução
> e estratégia, África do Sul, 21 de janeiro de 1994

Deixem de pensar
em termos de cor

Estamo-nos desvencilhando de um sistema que insultava nossa humanidade comum, estabelecendo divisões entre nós com base em raça e colocando-nos uns contra os outros [como] opressores e oprimidos.

> Ao receber o relatório da Comissão de Verdade e Reconciliação (TRC),
> Pretória, África do Sul, 29 de outubro de 1998

Massacramos uns aos outros em nossas palavras e atitudes. Massacramos uns aos outros nos estereótipos e na desconfiança que persistem em nossas mentes e nas palavras de ódio expelidas por nossos lábios.

> Discurso ao Estado da Nação, Parlamento,
> Cidade do Cabo, África do Sul, 5 de fevereiro de 1999

Estamos lutando por uma sociedade em que as pessoas deixem de pensar em termos de cor.

De uma conversa com Richard Stengel, 8 de março de 1993

Se há uma lição que podemos aprender com a luta contra o racismo, tanto em nosso país quanto no seu, é que o racismo precisa ser conscientemente combatido, e não discretamente tolerado.

Investidura pela Universidade de Clark,
Atlanta, Geórgia, EUA, 10 de julho de 1993

ALCANCEI A MATURIDADE COMO UM GUERREIRO DA LIBERDADE

O fim da opressão é algo sancionado pela humanidade e a aspiração maior de todo homem livre.

> Em discurso presidencial ao Congresso do CNA do Transvaal, também conhecido como discurso "Não há caminho fácil para a liberdade", Transvaal, África do Sul, 21 de setembro de 1953

Um novo mundo será conquistado, não por aqueles que se mantêm à distância com os braços cruzados, mas por aqueles que estão na arena, com os trajes rasgados pelas tempestades e os corpos mutilados no correr da batalha.

> De uma carta a Winnie Mandela, escrita na Ilha de Robben, 23 de junho de 1969

A militância me libertou de qualquer sentido remanescente de dúvida ou inferioridade que eu ainda pudesse ter; liberou-me do sentimento de ser subjugado pelo poder e pela aparente invencibilidade do homem branco e de suas instituições. Mas agora o homem branco sentira a força de meus golpes, e eu podia caminhar de cabeça erguida como um homem, e olhar a todos nos olhos com a dignidade que resulta de não ter sucumbido à opressão e ao medo. Alcancei a maturidade como um guerreiro da liberdade.

De *Longo caminho para a liberdade*, 1994

O banimento não nos confina apenas fisicamente, mas aprisiona nosso espírito. Induz uma espécie de claustrofobia psicológica que nos faz ansiar não apenas pela liberdade de movimento, mas pela fuga espiritual.

De *Longo caminho para a liberdade*, 1994

Planejei uma sabotagem

Todas as formas legais de expressar oposição a este princípio haviam sido vedadas pela legislação, e fomos colocados em uma posição na qual tínhamos de aceitar um estado permanente de inferioridade ou desafiar o governo. Optamos por desafiar a lei.

> Declaração no banco dos réus, Julgamento
> de Rivonia, Palácio da Justiça,
> Pretória, África do Sul, 20 de abril de 1964

Não me considero legal nem moralmente obrigado a obedecer a leis elaboradas por um Parlamento no qual não tenho representação.

> De um requerimento para desqualificação do magistrado
> Sr. W. A. Van Helsdingen, Velha Sinagoga,
> Pretória, África do Sul, 22 de outubro de 1962

Não nego, contudo, que planejei uma sabotagem. Não a planejei com intenções temerárias, nem porque tenha qualquer amor à violência. Planejei-a como resultado de uma avaliação calma e sóbria da situação política que havia emergido após muitos anos de tirania, exploração e opressão de meu povo pelos brancos.

Declaração no banco dos réus, Julgamento de Rivonia, Palácio da Justiça, Pretória, África do Sul, 20 de abril de 1964

Quando é negado a um homem o direito de viver a vida em que acredita, ele não tem outra escolha senão tornar-se um fora da lei.

Fonte desconhecida, 1994

SE EU TIVER DE MORRER

Se eu tiver de morrer, deixem-me declarar para que todos saibam que irei ao encontro de meu destino como um homem.

De uma anotação feita horas antes de receber
a sentença do Julgamento de Rivonia,
Pretória, África do Sul, 12 de junho de 1964

Estava preparado para a pena de morte. Estar preparado de verdade para uma coisa significa realmente esperá-la. Não é possível estar preparado para algo e, ao mesmo tempo, acreditar em segredo que não acontecerá. Estávamos todos preparados, não porque éramos corajosos, mas porque éramos realistas.

De *Longo caminho para a liberdade*, 1994

A morte é um desastre aterrador, sejam quais forem a causa e a idade da pessoa afetada.

> De uma carta a Irene Buthelezi, após receber
> a notícia da morte de seu filho Thembi,
> escrita na Ilha de Robben, 3 de agosto de 1969

A morte é inevitável. Quando um homem fez o que considera seu dever para com seu povo e seu país, pode descansar em paz. Acredito ter feito esse esforço, e é por isso, então, que dormirei pela eternidade.

> Do documentário *Mandela*, 1996

A CORAGEM NÃO ERA A AUSÊNCIA DO MEDO

Desde o alvorecer da história, a humanidade tem honrado e respeitado as pessoas corajosas e honestas.

De uma carta a Winnie Mandela,
escrita na Ilha de Robben, 23 de junho de 1969

Aprendi que a coragem não era a ausência do medo, mas o triunfo sobre ele. Eu mesmo senti medo mais vezes do que consigo me lembrar, mas o ocultei por trás de uma máscara de ousadia. O homem corajoso não é aquele que não sente medo, e sim aquele que supera esse medo.

De *Longo caminho para a liberdade*, 1994

Posso fingir que sou corajoso, sabe, e [que] posso vencer o mundo inteiro.

De uma conversa com Richard Stengel, 18 de março de 1993

Estava junto de companheiros corajosos; eles pareciam ser mais corajosos do que eu. Gostaria de deixar isso registrado.

De uma conversa com Ahmed Kathrada, por volta de 1993/94

NÃO PODIA ME ENTREGAR AO DESESPERO

O realista, por mais chocado e desapontado que esteja com as fragilidades daqueles que ama, observará o comportamento humano de todos os ângulos com objetividade e se concentrará naquelas qualidades de uma pessoa que sejam edificantes, elevem o ânimo [e] despertem o entusiasmo pela vida.

De uma carta a Winnie Mandela,
escrita na Ilha de Robben, 9 de dezembro de 1979

Sou essencialmente um otimista. Se é assim por natureza ou por aprendizado, não sei dizer. Parte desse otimismo consiste em manter a cabeça apontada para o sol e os pés em movimento para frente.

De *Longo caminho para a liberdade*, 1994

Houve muitos momentos sombrios em que minha fé na humanidade foi dolorosamente testada, mas eu não queria e não podia me entregar ao desespero. Esse caminho conduziria à derrota e à morte.

De *Longo caminho para a liberdade*, 1994

Quando decidimos pegar em armas

Foi somente quando tudo o mais havia falhado, quando todos os canais de protesto pacífico haviam sido obstruídos para nós, que foi tomada a decisão de enveredar por formas violentas de luta política.

> Declaração no banco dos réus, Julgamento
> de Rivonia, Palácio da Justiça,
> Pretória, África do Sul, 20 de abril de 1964

Quando decidimos pegar em armas, foi porque a única outra opção seria nos rendermos e nos submetermos à escravidão.

> Quadragésima oitava Conferência Nacional do CNA,
> Durban, África do Sul, 2 de julho de 1991

Se tivéssemos canais de comunicação pacíficos, jamais haveríamos pensado em recorrer à violência.

> Em casa, Soweto, África do Sul, fevereiro de 1990

Embora não tivéssemos esperança de derrotar o inimigo no campo de batalha, ainda assim resistimos para manter viva a ideia de libertação.

De uma conversa com Richard Stengel, 13 de janeiro de 1993

Ao longo do tempo, os povos oprimidos lutaram por seus direitos básicos por meios pacíficos, sempre que foi possível, e pela força, quando os canais pacíficos estavam vedados.

De um memorando ao presidente P. W. Botha, escrito na prisão de Victor Verster, Paarl, África do Sul, julho de 1989

A ARMA MAIS PODEROSA NÃO É A VIOLÊNCIA

A arma mais poderosa não é a violência, mas conversar com as pessoas.

De uma entrevista à BBC (Reino Unido), 28 de outubro de 1993

Para mim, a não violência não era um princípio moral, mas uma estratégia; não há virtude moral em usar uma arma ineficaz.

De *Longo caminho para a liberdade*, 1994

Precisamos lutar continuamente para derrotar a tendência primitiva à glorificação das armas, à adulação da força, gerada pela ilusão de que a injustiça pode ser perpetuada pela capacidade de matar, ou de que os conflitos são necessariamente melhor resolvidos pelo recurso a métodos violentos.

> Em discurso à quinquagésima terceira
> Assembleia Geral da Organização das Nações Unidas (ONU),
> cidade de Nova York, EUA, 21 de setembro de 1998

Em um mundo dilacerado pela violência e pelo conflito, a mensagem de paz e não violência de Gandhi detém a chave para a sobrevivência humana no século XXI. Ele tinha razão em acreditar na eficácia de contrapor a força espiritual do Satyagraha à força bruta do opressor e, de fato, converter o opressor ao ponto de vista correto e moral.

> De uma mensagem em vídeo para a
> Conferência do Centenário do Satyagraha,
> Nova Délhi, Índia, 29-30 de janeiro de 2007

Jamais se pode tomar a liberdade como garantida

O objetivo da liberdade é criá-la para os outros.

> Calendário de mesa da prisão,
> escrito na Ilha de Robben, 2 de junho de 1979

A liberdade não é simplesmente deixar de estar na prisão, assim como sempre se diz que a paz não é a mera ausência da guerra.

> De uma entrevista de agraciados com
> o Prêmio Nobel a Lorie Karnath, abril de 2004

Os verdadeiros líderes devem estar prontos para sacrificar tudo pela liberdade de seu povo.

> Nas celebrações pelo centenário do chefe Albert Luthuli,
> KwaDukuza, África do Sul, 25 de abril de 1998

Nada pode impedir que a humanidade evolua para a condição de uma liberdade maior e em constante ampliação. Enquanto a voz de um indivíduo pode ser condenada ao silêncio e à morte, à prisão e ao confinamento, o espírito que move o povo a buscar a liberdade não pode jamais ser calado.

Em declaração ao Parlamento da República da Irlanda, Dublin, Irlanda, 2 de julho de 1990

Jamais se pode tomar a liberdade como garantida. Cada geração precisa protegê-la e ampliá-la. Seus pais e seus ancestrais sacrificaram muito para que você tivesse liberdade sem sofrer o que eles sofreram. Use esse direito precioso para garantir que a escuridão do passado jamais retorne.

Em discurso na abertura do debate orçamentário presidencial, Parlamento, Cidade do Cabo, África do Sul, 2 de março de 1999

Por amor à liberdade

Não queremos liberdade sem pão, nem queremos pão sem liberdade.

Investidura pela Universidade de Clark,
Atlanta, Geórgia, EUA, 10 de julho de 1993

Muitos morreram desde que fui para a prisão. Muitos sofreram por amor à liberdade.

Em resposta a uma oferta de liberdade condicional,
lida por Zindzi Mandela em um comício, estádio Jabulani,
Soweto, África do Sul, 10 de fevereiro de 1985

Prezo imensamente minha própria liberdade, mas me preocupo ainda mais com a liberdade de vocês.

> Em resposta a uma oferta de liberdade condicional,
> lida por Zindzi Mandela em um comício, estádio Jabulani,
> Soweto, África do Sul, 10 de fevereiro de 1985

A PRISÃO PROPRIAMENTE DITA

A prisão propriamente dita foi conduzida com muita cortesia, muita polidez.

> Revendo o local de sua prisão em 5 de agosto de 1962,
> Howick, África do Sul, 15 de novembro de 1993

O mundo ao meu redor literalmente desmoronou, a renda desapareceu e não era possível honrar muitas obrigações.

De uma carta a Zindzi Mandela sobre a prisão por traição em 1956, escrita na Ilha de Robben, 1º de março de 1981

A PRISÃO NÃO ROUBA APENAS SUA LIBERDADE

Éramos submetidos a um tratamento rude, se não brutal, e muitos prisioneiros sofreram danos físicos e espirituais permanentes.

De uma carta ao presidente P. W. Botha, escrita na prisão de Pollsmoor, Cidade do Cabo, África do Sul, 13 de fevereiro de 1985

A prisão não rouba apenas sua liberdade, ela tenta privá-lo da sua identidade.

De *Longo caminho para a liberdade*, 1994

Ficar isolado na prisão é uma dificuldade. Não queira jamais passar por isso.

> De uma conversa com Richard Stengel, 6 de abril de 1993

Ir para a prisão por causa de suas convicções, e estar preparado para sofrer por aquilo em que acredita, vale a pena. É uma conquista para um homem cumprir seu dever na Terra, sejam quais forem as consequências.

> De uma entrevista a Scott Macleod, da revista *Time*,
> Soweto, África do Sul, 26 de fevereiro de 1990

Às vezes me sinto como um observador externo, alguém que perdeu a vida propriamente dita.

> De uma carta a Winnie Mandela,
> escrita na Ilha de Robben, 21 de janeiro de 1979

QUERIAM ABATER NOSSO ÂNIMO

A prisão e as autoridades conspiram para roubar a dignidade de todo homem. Esse fato em si era a garantia de que eu sobreviveria, pois qualquer homem ou instituição que tente roubar minha dignidade sairá perdendo; afinal, não me separarei dela mediante preço nenhum ou sob pressão nenhuma.

De *Longo caminho para a liberdade*, 1994

Jamais considerei nenhum homem meu superior, seja em minha vida fora ou dentro da prisão.

De uma carta ao general Du Preez, diretor prisional, escrita na Ilha de Robben, 12 de julho de 1976

Não me lembro de ter perdido o senso de controle; afinal, naquela situação só é possível sobreviver mantendo a calma e a frieza.

Em casa, Soweto, África do Sul, 14 de fevereiro de 1990

Ele me fez perder o autocontrole, o que considerei uma derrota nas mãos do meu oponente.

> De *Longo caminho para a liberdade*, falando sobre um carcereiro, 1994

Eles queriam abater nosso ânimo. Então, o que fazíamos era cantar canções sobre liberdade enquanto trabalhávamos, e todos se inspiravam.

> De uma conversa com Richard Stengel, 8 de dezembro de 1992

Havia alguns companheiros, sabe, que eram bons cantores. Eu não era um deles, mas gostava de cantar.

> De uma conversa com Richard Stengel, 14 de dezembro de 1992

Acredito que a forma como você será tratado pelas autoridades prisionais depende da sua atitude, e você precisa travar esse combate e vencê-lo logo no primeiro dia.

> De um documentário da BBC (Reino Unido), 1996

A PRISÃO ERA COMO UMA PROVA DE FOGO

Apenas minha carne e meus ossos permanecem trancados atrás destas paredes estreitas. No mais, continuo cosmopolita em minha visão de mundo; em meus pensamentos, sou livre como um falcão.

De uma carta ao senador Douglas Lukhele,
escrita na Ilha de Robben, 1º de agosto de 1970

A prisão era como uma prova de fogo capaz de testar o caráter de um homem. Alguns, sob a pressão do encarceramento, mostravam verdadeiro brio, enquanto outros se revelavam menos do que pareciam ser.

De Longo caminho para a liberdade, 1994

Os seres humanos têm a capacidade de se adaptar a qualquer coisa.

Do documentário Legends: Nelson Mandela, 2005

A prisão em si é uma tremenda educação quanto à necessidade de paciência e perseverança. É, acima de tudo, um teste do nosso compromisso. Todos os que passaram por aquela escola adquiriram uma firmeza temperada por uma notável flexibilidade.

Revendo a Ilha de Robben, Cidade do Cabo, África do Sul, 11 de fevereiro de 1994

A cela é um lugar ideal para aprender a conhecer a si mesmo, para investigar de forma realista e com regularidade o processo de sua mente e de seus sentimentos.

De uma carta a Winnie Mandela, que se encontrava então na prisão de Kroonstad, África do Sul, escrita na Ilha de Robben, 1º de fevereiro de 1975

O fato de podermos nos sentar sozinhos e pensar deu-nos uma oportunidade maravilhosa de nos modificarmos.

De um documentário da BBC (Reino Unido), 1996

Escrever uma carta na prisão

A máxima cautela faz-se particularmente necessária quando uma autobiografia é escrita na prisão de forma clandestina, quando se lida com companheiros políticos vivendo sob as mesmas dificuldades e tensões da vida na prisão e em contato diário com agentes que têm fixação por perseguir prisioneiros.

De manuscrito autobiográfico inédito, escrito na Ilha de Robben, 1975

A escrita é uma profissão de prestígio que nos coloca bem no centro do mundo, e, para permanecer no topo, é preciso trabalhar com verdadeiro afinco, tendo como objetivo um tema bom e original, a simplicidade na expressão e o uso da palavra insubstituível.

De uma carta a Zindzi Mandela,
escrita na Ilha de Robben, 4 de setembro de 1977

Escrever uma carta na prisão pode ser um exercício desgastante e frustrante. Algumas cartas são encaminhadas ao comando geral da prisão em Pretória para aprovação, um processo que envolve invariavelmente uma longa espera, chegando a se estender por vários meses. Quando finalmente chega a resposta, em geral é um seco "reprovado" e, como prática corrente, nenhum motivo sequer é apresentado para a decisão.

De uma carta ao professor Samuel Dash,
escrita na prisão de Pollsmoor, Cidade do Cabo,
África do Sul, 12 de maio de 1986

A FALSA IMAGEM

Eu planejava ajudar a corrigir os erros da África do Sul, e havia me esquecido de que o primeiro passo para fazer isso seria superar as fraquezas daquele sul-africano que eu conhecia muito bem, eu mesmo.

De manuscrito autobiográfico inédito,
escrito na Ilha de Robben, 1975

Uma questão que me preocupava profundamente na prisão era a falsa imagem que eu involuntariamente projetava ao mundo exterior: a de ser considerado um santo. Isso é algo que nunca fui, mesmo com base em uma definição terrena de santo como um pecador que continua tentando.

Da continuação inédita de sua autobiografia, por volta de 1998

As pessoas esperam de mim uma atuação muito além da minha capacidade.

De uma entrevista a John Battersby,
Johannesburgo, África do Sul, publicada
no *Christian Science Monitor*, 10 de fevereiro de 2000

Nunca é correto elevar qualquer ser humano à posição de um deus.

Em casa, Soweto, África do Sul, fevereiro de 1990

Quando revejo alguns de meus primeiros escritos e discursos, fico abismado com seu pedantismo, artificialidade e falta de originalidade. A ânsia de impressionar é claramente perceptível.

De uma carta a Winnie Mandela,
escrita na Ilha de Robben, 20 de junho de 1970

Às vezes acredito que, comigo, a criação pretendeu dar ao mundo o exemplo de um homem medíocre no sentido próprio da palavra.

De uma carta a Fatima Meer,
escrita na Ilha de Robben, 1º de março de 1971

PRATICAMENTE UMA VIÚVA

Meu maior problema desde que saí de casa é dormir sem você junto a mim e acordar sem você perto de mim, o passar do dia sem vê-la e sem ouvir o som da sua voz. As cartas que lhe escrevo e que você me escreve são um alívio para as feridas da nossa separação.

De uma carta a Winnie Mandela,
escrita na Ilha de Robben, 26 de outubro de 1976

Tem sido uma experiência valiosa para mim assistir à forma como organizações poderosas e indivíduos de alta posição se associam com o objetivo específico de destruir uma mulher que é praticamente uma viúva; como todos podem se rebaixar tanto, a ponto de trazer ao meu conhecimento todo tipo de detalhe calculado para obscurecer minha imagem clara da amiga mais extraordinária que tenho na vida, é algo que me desconcerta completamente.

De uma carta a Winnie Mandela,
escrita na Ilha de Robben, 19 de agosto de 1976

A questão de que minha mulher era molestada e perseguida pela polícia, e algumas vezes atacada, e de que eu não estava lá para defendê-la. Esse foi um momento muito difícil para mim.

De uma conversa com Richard Stengel, 9 de março de 1993

Pessoalmente, jamais me arrependerei da vida em comum que a camarada Nomzamo [Winnie Mandela] e eu tentamos construir. No entanto, circunstâncias alheias ao nosso controle determinaram um desfecho diferente. Separo-me de minha mulher sem recriminações. Abraço-a com todo o amor e a afeição que nutri por ela dentro e fora da prisão, desde o momento em que a conheci.

Anunciando a separação de Winnie Mandela,
Johannesburgo, África do Sul, 13 de abril de 1992

O OPRESSOR
TAL QUAL O OPRIMIDO

Eu sabia, até onde posso saber alguma coisa, que o opressor precisa ser libertado tanto quanto o oprimido. Um homem que subtrai a liberdade de outro homem é um prisioneiro do ódio, está trancafiado atrás das grades do preconceito e da ignorância. Não sou verdadeiramente livre se estou usurpando a liberdade de alguém, assim como não sou livre quando minha humanidade me é tomada. O opressor tal qual o oprimido têm sua humanidade roubada.

De *Longo caminho para a liberdade*, 1994

Depois que você se livra do medo do opressor e de suas prisões, sua polícia, seu exército, não há nada que ele possa fazer. Você está livre.

De uma conversa com Richard Stengel, 9 de março de 1993

Poderíamos ter inscrito a vingança em nossos estandartes de batalha e decidido responder à brutalidade com brutalidade. Mas compreendemos que a opressão desumaniza o opressor da mesma forma que fere o oprimido. Compreendemos que reproduzir a barbaridade do tirano também nos transformaria em selvagens. Sabíamos que iríamos macular e degradar nossa causa se permitíssemos, em qualquer etapa, a apropriação de quaisquer das práticas do opressor. Precisávamos recusar que nosso longo sacrifício transformasse nossos corações em pedra.

> Em discurso ao Parlamento da República da Irlanda,
> Dublin, Irlanda, 2 de julho de 1990

Aqueles que buscaram a própria liberdade na dominação de outros foram, no devido tempo, condenados a um humilhante fracasso.

> Na assinatura da nova Constituição,
> Sharpeville, Vereeniging, África do Sul, 10 de dezembro de 1996

O NOBRE CORO

Todos os dias ouvíamos o soar de suas vozes: "Libertem os prisioneiros políticos!" Ouvíamos o cantar de suas vozes: "Libertem meu povo!" Por ouvir esse clamor vibrante e revigorante de solidariedade humana, sabíamos que seríamos livres.

Em discurso na catedral de Uppsala,
Uppsala, Suécia, 13 de março de 1990

Não devemos jamais nos esquecer de que milhões de pessoas em todo o mundo se uniram a nós em solidariedade para lutar contra a injustiça de nossa opressão enquanto estávamos encarcerados.

Concerto Live 8, Mary Fitzgerald Square,
Johannesburgo, África do Sul, 2 de julho de 2005

Por fim, os grandes e poderosos também ouviram a voz dos humildes. Eles também descobriram que, enterrados nos calabouços do regime de Pretória, havia homens e mulheres que jamais deveriam ter sido presos. Eles também se uniram ao nobre coro: "Libertem os prisioneiros políticos."

Em discurso na catedral de Uppsala,
Uppsala, Suécia, 13 de março de 1990

Parte dois
VITÓRIA

A vitória em uma grande causa não é medida somente pela conquista do objetivo final. É também um triunfo corresponder às expectativas dentro do seu tempo de vida.

De uma carta ao reverendo Frank Chikane,
escrita na prisão de Victor Verster,
Paarl, África do Sul, 21 de agosto de 1989

Saúdo a todos
em nome da paz

Amigos, camaradas e conterrâneos sul-africanos, saúdo a todos em nome da paz, da democracia e da liberdade para todos! Apresento-me diante de vocês, não como um profeta, mas como um humilde servo do povo. Seus incansáveis e heroicos sacrifícios tornaram possível que eu estivesse aqui hoje. Coloco, portanto, os anos que me restarem de vida em suas mãos.

> Primeiro discurso após sua libertação,
> prefeitura da Cidade do Cabo,
> África do Sul, 11 de fevereiro de 1990

Estou realmente entusiasmado por estar livre.

> Primeira coletiva de imprensa após sua libertação,
> Bishopscourt, residência do arcebispo Desmond Tutu,
> Cidade do Cabo, África do Sul, 12 de fevereiro de 1990

Bem, estou feliz por voltar para casa, é uma experiência muito compensadora e enriquecedora retomar a vida normal, ouvir o riso das crianças e poder orientá-las ao longo do seu crescimento.

Em entrevista, por volta de 1993

Para quem esteve na prisão, as pequenas coisas é que têm o maior valor – a sensação de poder dar uma caminhada sempre que se quer, atravessar uma rua, entrar em uma loja e comprar um jornal, falar ou preferir ficar calado – o simples ato de poder controlar sua pessoa.

De uma conversa com Ahmed Kathrada, por volta de 1993/94

O PRIMEIRO PRESIDENTE ELEITO DEMOCRATICAMENTE

Eu, Nelson Rolihlahla Mandela, juro solenemente dedicar-me ao bem-estar da República da África do Sul e de todo o seu povo.

> Juramento de posse ao assumir o cargo de presidente da África do Sul, Union Buildings, Pretória, África do Sul, 10 de maio de 1994

Minha posse como primeiro presidente da República da África do Sul eleito democraticamente foi-me imposta, em boa medida, na contramão dos meus conselhos.

> Da continuação inédita de sua autobiografia, por volta de 1998

Agora, ao ex-terrorista cabia a tarefa de unificar a África do Sul, de implementar o princípio básico da Carta da Liberdade, que declara que a África do Sul pertence a todo o seu povo, negro e branco.

> Da continuação inédita de sua autobiografia, por volta de 1998

AS LIBERDADES
TRAZIDAS PELA DEMOCRACIA

Estávamos atentos, desde o início, à importância da responsabilidade para com a democracia. Nossa experiência nos tornou intensamente conscientes dos possíveis riscos de um governo que não fosse transparente nem responsável.

> Oficina Regional Africana do International
> Ombudsman Institute, Pretória, África do Sul, 26 de agosto de 1996

Contudo, deixemos isto bem claro: não há lugar em uma democracia para que qualquer comunidade ou parte de uma comunidade imponha sua vontade à custa dos direitos fundamentais de qualquer outro cidadão.

> De um anúncio da data das eleições,
> processo multipartidário de negociações,
> Kempton Park, África do Sul, 17 de novembro de 1993

As liberdades trazidas pela democracia permanecerão apenas na aparência, se não vierem acompanhadas de aperfeiçoamentos reais e tangíveis na vida material de milhões de cidadãos comuns daqueles países.

Do documentário *Viva Madiba: A Hero for All Seasons*, 2010

As pessoas precisam ter permissão para determinar o próprio destino.

Em casa, Soweto, África do Sul, 14 de fevereiro de 1990

CEDER É A
ÚNICA ALTERNATIVA

Nenhum problema é tão profundo que não possa ser superado, mediante a vontade de todas as partes envolvidas, por meio da discussão e da negociação, em vez da força e da violência.

> Em discurso na abertura do debate orçamentário presidencial,
> Parlamento, Cidade do Cabo, África do Sul, 2 de março de 1999

Em todo conflito, chega-se em dado momento a um ponto no qual nenhuma das partes envolvidas está totalmente certa nem totalmente errada, e ceder é a única alternativa para aqueles que desejam seriamente a paz e a estabilidade.

> De um arquivo pessoal, 16 de janeiro de 2000

Se você não pretende chegar a um consenso, nenhuma negociação é possível.

> Em casa, Soweto, África do Sul, 14 de fevereiro de 1990

Nossa experiência nos ensinou que, com boa vontade, é possível encontrar uma solução negociada, mesmo para os problemas mais profundos.

> Mensagem para o Ano-Novo judaico (Rosh Hashanah), África do Sul, 13 de setembro de 1996

Nossa observação demonstra que homens e mulheres em todo o mundo desejam paz, desejam segurança, desejam seguir com suas vidas, e o próprio fato de que partes antes em conflito passem a sentar-se para dialogar envia uma mensagem de esperança a muitas pessoas, não somente na área afetada, mas no mundo inteiro.

> Após reunião com Gerry Adams, líder do Sinn Fein, na Shell House, em Johannesburgo, África do Sul, 19 de junho de 1995

Inimigos históricos conseguiram negociar uma transição pacífica do *apartheid* à democracia exatamente porque estávamos preparados para aceitar a capacidade inata para a bondade no outro.

> Sessão conjunta do Parlamento em homenagem aos dez anos de democracia, Parlamento da Assembleia Nacional, Cidade do Cabo, África do Sul, 10 de maio de 2004

SE VOCÊ ESTÁ NEGOCIANDO

Se você está negociando, deve fazer isso em um espírito de reconciliação, não do ponto de vista de lançar ultimatos.

> Declaração à imprensa após reunião com o presidente
> F. W. de Klerk sobre a violência na East Rand, Union Buildings,
> Cidade do Cabo, África do Sul, início da década de 1990

Descobri que, em discussões, assumir um tom moralmente superior em relação ao adversário nunca ajuda.

> De *Longo caminho para a liberdade*, 1994

Uma abordagem sutil, especialmente quando você está confiante em um caso, traz muito mais resultados que a agressão.

De uma conversa com Richard Stengel, 8 de fevereiro de 1993

A melhor arma é sentar-se e conversar.

Do documentário
Mandela: The Living Legend, 2003

Geralmente, os momentos mais desanimadores são a hora exata para lançar uma iniciativa. Nessas horas, as pessoas estão em busca de uma saída para seu dilema.

De *Longo caminho para a liberdade*, 1994

DEPOSITAR MEU PRIMEIRO VOTO

Esperei mais de setenta anos para depositar meu primeiro voto.

> Palestra em memória de Bram Fischer, Market Theatre,
> Johannesburgo, África do Sul, 9 de junho de 1995

Senti que estavam comigo quando votei Oliver Tambo, Chris Hani, o chefe Albert Luthuli e Bram Fischer. Senti que Josiah Gumede, G. M. Naicker, o Dr. Abdullah Abdurahman, Lilian Ngoyi, Helen Joseph, Yusuf Dadoo, Moses Kotane, Steve Biko e muitos outros estavam ali. Senti que cada um deles segurou minha mão que marcou a cruz, ajudou-me a dobrar a cédula e a depositá-la na urna.

> Palestra em memória de Bram Fischer, Market Theatre,
> Johannesburgo, África do Sul, 9 de junho de 1995

Manter-se à margem dos acontecimentos, deixar de comparecer às eleições é uma negligência para com um dever democrático.

Comício eleitoral do CNA, estádio FNB, Soweto, 4 de abril de 2004

Se há algo que simboliza para o mundo o milagre de nossa transição, e nos fez conquistar sua admiração, é a imagem da paciência nas filas de eleitores em abril de 1994, quando os sul-africanos aos milhões, de todas as comunidades e origens, confirmaram sua determinação de que, quaisquer que fossem as dificuldades, o povo deveria governar, de forma a jamais revivermos nossa experiência de opressão, injustiça e desumanidade.

Em discurso na abertura do debate orçamentário presidencial,
Parlamento, Cidade do Cabo, África do Sul, 2 de março de 1999

Espero ter mais anos para votar, e ainda que vá para a sepultura despertarei e virei votar.

Depois de votar, 1º de março de 2006

UM VERDADEIRO LÍDER

Eu estava atrasado politicamente, e estava lidando com camaradas, sabe?, que entendiam de política, que podiam discutir o que estava acontecendo na África do Sul e fora da África do Sul.

> De uma conversa com Richard Stengel
> sobre o nervosismo inicial em participar de reuniões
> políticas na década de 1940, 16 de março de 1993

O sucesso na política exige que você leve seu povo a ter confiança em seus pontos de vista e que os exponha com muita clareza, muita polidez e muita calma, mas que ainda assim os exponha abertamente.

> De uma conversa com Richard Stengel, 29 de abril de 1993

Um verdadeiro líder usa qualquer assunto, por mais sério e delicado que seja, para garantir que, ao fim do debate, possamos emergir ainda mais fortes e unidos do que nunca.

> De um caderno de anotações pessoal, 16 de janeiro de 2000

Tivemos homens tão arrogantes, que desejavam conquistar o mundo e transformar os seres humanos em seus escravos. Mas o povo sempre pôs fim a homens e mulheres desse tipo.

Em discurso ao Parlamento das Religiões do Mundo,
Cidade do Cabo, África do Sul, dezembro de 1999

O problema, claro, é que a maioria dos homens bem-sucedidos tende a alguma forma de vaidade. Chega uma fase de suas vidas em que consideram aceitável ser egocêntricos e alardear ao público em geral suas conquistas excepcionais.

De uma carta a Fatima Meer,
escrita na Ilha de Robben, 1º de março de 1971

Aqueles que estão no centro da luta política, que precisam lidar com problemas práticos e urgentes, dispõem de pouco tempo para reflexão e não têm precedentes para orientá-los; estão, portanto, fadados a cometer vários deslizes.

De manuscrito autobiográfico inédito, escrito na Ilha de Robben, 1975

ESCOLHEMOS
A RECONCILIAÇÃO

Esperava-se que destruíssemos uns aos outros e a nós mesmos coletivamente na pior das conflagrações raciais. Em vez disso, nós como povo escolhemos o caminho da negociação, da concessão e do entendimento pacífico. Em vez de ódio e vingança, escolhemos a reconciliação e a construção de uma nação.

> Em discurso na Nobel Square,
> Cidade do Cabo, África do Sul, 14 de dezembro de 2003

Chegou a hora de curar as feridas. Chegou o momento de transpor o abismo que nos separa. Já é chegada a hora de construir.

> Posse como presidente da África do Sul,
> Union Buildings, Pretória, África do Sul, 10 de maio de 1994

No fundo, a reconciliação é um processo espiritual, que exige mais do que uma simples estrutura jurídica. Precisa acontecer nos corações e nas mentes das pessoas.

> Na Conferência Anual da Igreja Metodista,
> Mthatha, África do Sul, 18 de setembro de 1994

Reconciliação significa trabalhar juntos para corrigir o legado de injustiça passada.

> Dia Nacional da Reconciliação, África do Sul,
> 16 de dezembro de 1995

A reconciliação não foi uma ideia posterior ou um acréscimo à nossa luta e ao nosso eventual triunfo. Ela sempre esteve incorporada à luta. A reconciliação era tanto um instrumento quanto o objetivo final da nossa luta.

> Discurso em uma conferência do Fórum Internacional das Mulheres,
> Tóquio, Japão, 30 de janeiro de 2003

Precisamos
Perdoar o Passado

Precisamos perdoar o passado, mas, ao mesmo tempo, garantir que a dignidade das vítimas seja restaurada e suas dificuldades, devidamente atendidas.

> Na Conferência Anual da Igreja Metodista,
> Mthatha, África do Sul, 18 de setembro de 1994

Recordamos nosso passado terrível para que possamos lidar com ele, perdoar onde o perdão é necessário, sem esquecer, para assegurar que nunca mais tamanha desumanidade nos divida, e para que nos mobilizemos a fim de erradicar o legado que espreita perigosamente como uma ameaça à nossa democracia.

> Debate especial sobre o relatório da
> Comissão de Verdade e Reconciliação (TRC), Parlamento,
> Cidade do Cabo, África do Sul, 25 de fevereiro de 1999

Estou trabalhando agora com as mesmas pessoas que me atiraram à prisão, perseguiram minha mulher, seguiram meus filhos de uma escola para outra... e sou um dos que dizem: "Esqueçamos o passado e pensemos no presente."

De uma conversa com Richard Stengel, 9 de março de 1993

NÃO SOU ESPECIALMENTE RELIGIOSO

Faça sempre da religião um assunto pessoal e particular restrito a você. Não sobrecarregue os outros com suas questões religiosas e demais assuntos pessoais.

De uma carta a Makaziwe Mandela,
escrita na Ilha de Robben, 21 de dezembro de 1978

A religião, especialmente a crença na existência de um Ser Supremo, sempre foi um assunto controverso que divide nações e até famílias. Mas é sempre melhor tratar o relacionamento entre um homem e seu deus como um assunto exclusivamente pessoal, uma questão de fé, e não de lógica. Ninguém tem o direito de prescrever aos outros aquilo em que devem ou não acreditar.

De uma carta à Sra. Deborah Opitz,
escrita na prisão de Pollsmoor,
Cidade do Cabo, África do Sul, 10 de maio de 1989

Assim como outros aspectos da herança cultural africana, a religião tradicional é cada vez mais reconhecida por sua contribuição ao mundo. Não é mais vista como superstição desprezível que deveria ser suplantada por formas superiores de crença: hoje, o enriquecimento que traz à herança espiritual humana é incontestável.

> Em palestra no Centro de Estudos Islâmicos de Oxford,
> Sheldonian Theatre, Oxford, Inglaterra, 11 de julho de 1997

Não sou especialmente religioso ou espiritual. Digamos que estou interessado em todas as tentativas de descobrir o significado e o objetivo da vida. A religião é parte importante desse exercício.

> De uma entrevista a Charles Villa-Vicencio,
> Johanesburgo, África do Sul, 1993

Precisamos de instituições religiosas

Precisamos de instituições religiosas para que continuem a ser a consciência da sociedade, guardiãs morais e defensoras destemidas dos interesses dos fracos e oprimidos. Precisamos que as organizações religiosas façam parte de uma sociedade civil mobilizada para manifestar-se em prol da justiça e da proteção aos direitos humanos fundamentais.

Dia de Regina Mundi, Igreja Regina Mundi,
Soweto, África do Sul, 30 de novembro de 1997

A decadência moral de algumas comunidades em várias partes do mundo se revela, entre outras coisas, no uso do nome de Deus para justificar a continuidade de ações condenadas pelo mundo inteiro como crimes contra a humanidade.

Da continuação inédita de sua autobiografia, por volta de 1998

Nossos líderes religiosos estiveram na vanguarda que manteve vivo o espírito de resistência no seio do nosso povo, naqueles dias em que a repressão se intensificou e assumiu proporções horrendas, destinadas a intimidar as pessoas à submissão.

> Septuagésimo quinto aniversário do arcebispo Desmond Tutu,
> Johannesburgo, África do Sul, 8 de outubro de 2006

Sem a Igreja, sem as instituições religiosas, eu jamais estaria aqui hoje.

> Em discurso ao Parlamento das Religiões do Mundo,
> Cidade do Cabo, África do Sul, dezembro de 1999

NOSSAS DIFERENÇAS SÃO A NOSSA FORÇA

Há homens e mulheres bons em qualquer comunidade e em todos os partidos ou convicções políticas. É quando esses homens e mulheres se reúnem que os construtores triunfam, em lugar dos destruidores. É neste momento que temos reafirmada nossa humanidade comum.

> Festival da Paz, Centro Jeunes Kamenge,
> Bujumbura, Burundi, dezembro de 2000

Nossas diferenças são a nossa força como espécie e comunidade mundial.

> Ao receber o Prêmio Franklin D. Roosevelt
> das Quatro Liberdades, 8 de junho de 2002

As pessoas, não apenas em nosso país, mas em todas as partes do mundo, foram inspiradas a acreditar que, pelo esforço humano comum, seria possível superar a injustiça, e que juntos poderíamos conquistar uma vida melhor para todos.

De uma carta ao presidente Barack Obama
por ocasião de sua posse, 20 de janeiro de 2009

PARTE TRÊS
SABEDORIA

A âncora de todos os meus sonhos é a sabedoria coletiva da humanidade inteira.

> De uma carta ao senador Douglas Lukhele,
> escrita na Ilha de Robben, 1º de agosto de 1970

Nenhum de nós
é uma superestrela

O importante é lembrar-se de que ninguém pode fazer tudo sozinho.

> Almoço de Dia dos Pais oferecido por Zindzi Mandela,
> Hyatt Women of Vision Club,
> Johannesburgo, África do Sul, 1º de junho de 2001

Na África, temos um conceito conhecido como *ubuntu*, baseado no reconhecimento de que somos pessoas somente por causa das outras pessoas.

> Encerramento da XIV Conferência Internacional de AIDS,
> Barcelona, Espanha, 12 de julho de 2002

Nenhum de nós é uma superestrela, e ninguém pode ser bem-sucedido sem o sucesso do outro.

> Cúpula da Organização da Unidade Africana (OUA),
> Ouagadougou, Burquina Faso, 8 de junho de 1998

A PAZ É A MAIOR DAS ARMAS

Nenhuma organização política séria jamais falará de paz enquanto uma guerra agressiva é travada contra ela.

> Cidade do Cabo, África do Sul, data desconhecida

A paz é a maior das armas para o desenvolvimento que um povo pode ter.

> Em discurso ao Comitê Executivo Nacional do
> Chama Cha Mapinduzi (partido dominante da Tanzânia),
> Dar es Salaam, Tanzânia, 17 de novembro de 1998

Todos nós devemos nos perguntar: será que fiz tudo o que estava ao meu alcance para promover a paz e a prosperidade duradouras em minha cidade e em meu país?

> Ao receber as chaves da cidade de Durban,
> África do Sul, 16 de abril de 1999

Nossa arma mais poderosa, à qual o inimigo jamais poderá resistir, é a paz.

> De uma conversa com Ahmed Kathrada e Mac Maharaj,
> Johannesburgo, África do Sul, 27 de julho de 2006

Pode ser que faltem ainda muitos anos para o tempo em que as nações transformarão imensos exércitos em poderosos movimentos pacifistas e armas mortais em inofensivos arados. Porém, é uma fonte de verdadeira esperança que haja na atualidade organizações mundiais, governos, chefes de Estado, grupos e indivíduos influentes empenhados com seriedade e coragem na busca da paz mundial.

> De uma carta ao lorde Nicholas Bethell,
> escrita na prisão de Pollsmoor,
> Cidade do Cabo, África do Sul, 4 de junho de 1986

Não pode haver no mundo de hoje causa mais importante que a busca da paz.

> Jantar de gala "Newsmaker of the Decade",
> promovido pelo Johannesburg Press Club,
> Johannesburgo, África do Sul, 31 de outubro de 2001

A NATUREZA
DO CRESCIMENTO

Uma boa cabeça e um bom coração formam sempre uma combinação formidável.

De uma carta a Fatima Meer,
escrita na Ilha de Robben, 1º de janeiro de 1976

Aquilo que fazemos do que temos, e não aquilo que recebemos, é o que distingue uma pessoa da outra.

De *Longo caminho para a liberdade*, 1994

Faz parte da natureza do crescimento que tenhamos de aprender com as experiências agradáveis e desagradáveis.

Jantar anual da Associação de Correspondentes Estrangeiros,
Johannesburgo, África do Sul, 21 de novembro de 1997

Senhores do
próprio destino

Quando uma pessoa está determinada a se ajudar, não há nada que possa detê-la.

> Almoço de Dia dos Pais oferecido por Zindzi Mandela,
> Hyatt Women of Vision Club,
> Johannesburgo, África do Sul, 1º de junho de 2001

Pôr a culpa no passado não torna as coisas melhores.

> Escola primária Rolihlahla, Warrenton,
> África do Sul, 30 de agosto de 1996

Nunca penso no tempo que perdi. Apenas cumpro um programa, pois ele está lá. Está traçado para mim.

> De uma conversa com Richard Stengel, 3 de maio de 1993

O mais importante não é o que acontece a uma pessoa, mas a forma como ela reage.

> De uma carta a Tim Maharaj,
> escrita na Ilha de Robben, 1º de fevereiro de 1971

Quando você tem um programa a aplicar, sejam quais forem os méritos desse programa, fica difícil concentrar-se nos aspectos negativos da sua vida.

> Revendo a Ilha de Robben, África do Sul, 11 de fevereiro de 1994

Não devemos mais tentar atribuir a culpa de nossa condição a terceiros ou esperar que outros assumam a responsabilidade por nosso desenvolvimento. Somos senhores de nosso destino.

> Banquete comemorativo dos cem melhores livros africanos
> do século XX, Cidade do Cabo, África do Sul, julho de 2002

Uma das coisas mais difíceis não é mudar a sociedade, mas mudar a si mesmo.

> De uma entrevista a John Battersby,
> Johannesburgo, África do Sul, publicada no
> *Christian Science Monitor*, 10 de fevereiro de 2000

Transformar nosso sofrimento comum em esperança

A compaixão humana estabelece um vínculo entre nós – não por pena nem por paternalismo, mas como seres humanos que aprendemos a transformar nosso sofrimento comum em esperança para o futuro.

De uma mensagem ao Serviço de Cura e Reconciliação "Dedicada aos portadores de HIV/AIDS e pela cura de nossa terra", 6 de dezembro de 2000

Assuma a responsabilidade, no lugar onde vive, de tornar as pessoas ao seu redor felizes e cheias de esperança.

Na inauguração do posto de saúde de Zola, Soweto, África do Sul, 7 de março de 2002

A esperança é uma arma poderosa, da qual nenhuma força na Terra pode nos privar.

> De uma carta a Winnie Mandela,
> escrita na Ilha de Robben, 23 de junho de 1969

CHEIOS DE CONTRADIÇÕES

Na vida real, não lidamos com deuses, mas com seres humanos comuns semelhantes a nós: homens e mulheres cheios de contradições, que são estáveis e volúveis, fortes e fracos, ilustres e infames.

>De uma carta a Winnie Mandela,
>escrita na Ilha de Robben, 9 de dezembro de 1979

O processo de ilusão e desilusão faz parte da vida e continua, sem nunca ter fim.

>De manuscrito autobiográfico inédito,
>escrito na Ilha de Robben, 1975

As contradições são parte essencial da vida e jamais deixam de nos dilacerar.

> De uma carta sem data a Effie Schultz,
> escrita na prisão de Pollsmoor,
> Cidade do Cabo, África do Sul, 1º de abril de 1987

A CAPACIDADE
DA MEMÓRIA

Até ser preso, eu jamais compreendera inteiramente a capacidade da memória, a cadeia infinita de informações que a mente pode armazenar.

De uma carta a Hilda Bernstein,
escrita na prisão de Pollsmoor,
Cidade do Cabo, África do Sul, 8 de julho de 1985

Na vida de qualquer indivíduo, família, comunidade ou sociedade, a memória tem importância fundamental. É o tecido da identidade.

De *A Prisoner in the Garden:*
Opening Nelson Mandela's Prison Archive, 2005

AMIGOS FIÉIS
E CONFIÁVEIS

O apoio de amigos fiéis e confiáveis nos dá força para manter a esperança e para resistir até aos golpes mais desafiadores da vida.

>De uma carta a Don Mattera,
>escrita na prisão de Victor Verster,
>Paarl, África do Sul, 4 de abril de 1989

Nossa moralidade não nos permite abandonar os amigos.

>Em uma recepção oferecida pelo presidente Bill Clinton,
>Casa Branca, Washington DC, EUA, 22 de setembro de 1998

Tenho uma ligação especial com as pessoas que se mostraram amigas em períodos de adversidade.

De manuscrito autobiográfico inédito,
escrito na Ilha de Robben, 1975

LEVANTAR-SE
SEMPRE QUE CAIR

As desgraças sempre vêm e vão, deixando suas vítimas completamente arrasadas ou fortalecidas, amadurecidas e mais capazes de enfrentar a próxima leva de desafios que venham a ocorrer.

> De uma carta a Winnie Mandela,
> escrita na Ilha de Robben, 23 de junho de 1969

Estou convencido de que uma enxurrada de desgraças pessoais jamais afogará um revolucionário determinado, nem o cúmulo de sofrimento que acompanha a tragédia o sufocará.

> De uma carta a Winnie Mandela,
> escrita na Ilha de Robben, 1º de agosto de 1970

Há poucos infortúnios neste mundo que você não possa transformar em triunfo pessoal, se tiver uma vontade de aço e a habilidade necessária.

> De uma carta a Zindzi Mandela,
> escrita na Ilha de Robben, 25 de março de 1979

Se nossas expectativas – nossas preces e sonhos mais caros – não se realizaram, todos nós devemos ter em mente que a maior glória da vida não reside em jamais cair, mas em levantar-se sempre que cair.

> Em uma recepção oferecida pelo presidente Bill Clinton,
> Casa Branca, Washington DC, EUA, 22 de setembro de 1998

Eu fraquejei

Muitos provavelmente ficarão chocados ao descobrir como é colossal a minha ignorância a respeito de coisas simples que as pessoas comuns consideram absolutamente naturais.

De um arquivo pessoal, por volta de 1996

Não queria ser apresentado de uma forma que omitisse os pontos sombrios da minha vida.

De uma conversa com Richard Stengel,
16 de março de 1993

Eu era arrogante naquela época.

> De uma conversa sobre 1962 com
> Ahmed Kathrada, por volta de 1993/94

Por vezes, tal como outros líderes, eu fraquejei; e não posso reivindicar o brilho solitário em um pedestal de glória.

> De um artigo escrito para o *Sunday Times*
> (África do Sul), 22 de fevereiro de 1996

QUE A HUMANIDADE PRODUZA SANTOS

As dificuldades abatem alguns homens, mas formam outros. Não há machado afiado o suficiente para atravessar a alma de um pecador que continua tentando.

De uma carta a Winnie Mandela,
escrita na Ilha de Robben, 1º de fevereiro de 1975

Algum dia no futuro será possível que a humanidade produza santos realmente honrados e veneráveis, inspirados em tudo o que fazem pelo amor genuíno à humanidade e capazes de servir a todos os seres humanos com altruísmo.

De uma carta a Winnie Mandela,
escrita na Ilha de Robben, 19 de agosto de 1976

Alguém pode ser um vilão por três quartos da vida e ser canonizado por ter levado uma vida santa no quarto restante.

> De uma carta a Winnie Mandela,
> escrita na Ilha de Robben, 9 de dezembro de 1979

Nunca se esqueça de que um santo é um pecador que continua tentando.

> De uma carta a Winnie Mandela,
> escrita na Ilha de Robben, 1º de fevereiro de 1975

Não há poder na Terra que se compare

A religião diz respeito ao amor mútuo e ao respeito de uns pelos outros e pela própria vida. Diz respeito à dignidade e à igualdade da espécie humana, feita à imagem de Deus.

De uma entrevista a Charles Villa-Vicencio,
Johannesburgo, África do Sul, 1993

A crença na possibilidade de mudança e renovação talvez seja uma das características determinantes da política e das religiões.

Em palestra no Centro de Estudos Islâmicos de Oxford,
Sheldonian Theatre, Oxford, Inglaterra, 11 de julho de 1997

O caminho daqueles que pregam o amor, em vez do ódio, não é fácil. Geralmente precisam usar uma coroa de espinhos.

> De uma mensagem à Convenção Global
> sobre Paz e Não Violência, Nova Délhi, Índia,
> 31 de janeiro de 2004

Não há poder na Terra que se compare à religião, e por isso eu a respeito.

> De um documentário da BBC (Reino Unido), 1996

A EDUCAÇÃO
É O GRANDE MOTOR

A educação é o grande motor do desenvolvimento pessoal. É por meio da educação que a filha de um camponês pode tornar-se médica, que o filho de um mineiro pode tornar-se chefe da mina, que um filho de trabalhadores rurais pode tornar-se presidente de uma grande nação. Aquilo que fazemos do que temos, e não aquilo que recebemos, é que distingue uma pessoa da outra.

De *Longo caminho para a liberdade*, 1994

Não está além de nossas forças criar um mundo em que todas as crianças tenham acesso a uma boa educação.

De uma mensagem gravada para a inauguração
do Instituto Nelson Mandela para a Educação
e o Desenvolvimento Rural, novembro de 2007

O trabalho árduo e sistemático em seus estudos ao longo do ano lhe trará, no final, as recompensas desejadas e muita satisfação pessoal.

> De uma carta a Makgatho Mandela,
> escrita na Ilha de Robben, 28 de julho de 1969

A educação é a arma mais poderosa que podemos usar para mudar o mundo.

> Em discurso no Planetário,
> Johannesburgo, África do Sul, 16 de julho de 2003

MEU PASSATEMPO FAVORITO

Em minhas leituras, descobri que existia um mundo que eu não conhecia, cujas portas se abriram para mim, e as influências desses homens devem ser consideradas neste contexto.

De uma conversa com Richard Stengel, 3 de maio de 1993

É sempre um prazer especial conversar com as crianças sobre meu passatempo favorito: a leitura.

Lançamento de Madiba: The Rainbow Man, 27 de novembro de 1997

Uma das tristes realidades dos dias de hoje é que muito poucas pessoas, especialmente os jovens, leem livros. A menos que consigamos encontrar formas criativas de lidar com essa realidade, as futuras gerações correm o risco de perder sua história.

Lançamento da exposição, do livro e da série de revistas em quadrinhos Izipho, Fundação Nelson Mandela, Johannesburgo, África do Sul, 14 de julho de 2005

Quando lemos obras dessa natureza, somos incentivados. Isso nos inspira vitalidade.

> De uma conversa com Richard Stengel
> sobre o poema "Invictus" (1875),
> de William Ernest Henley, por volta de março de 1993

Uma autobiografia não é um mero catálogo de eventos e experiências em que uma pessoa esteve envolvida, mas serve também como uma espécie de roteiro que outros podem tomar como modelo para suas vidas.

> Da continuação inédita de sua autobiografia, por volta de 1998

Uma das coisas que me fizeram ansiar por voltar à prisão foi ter tão pouca oportunidade para a leitura, o pensamento e a reflexão serena após minha libertação.

> Da coletiva de imprensa "Aposentando-se da aposentadoria", Fundação Nelson Mandela, Johannesburgo, África do Sul, 2 de junho de 2004

Falo de Cultura

Falo de cultura e criatividade, pois, assim como a verdade, elas são permanentes.

> Inauguração de uma estátua para marcar
> o vigésimo aniversário da morte de Steve Biko,
> East London, África do Sul, 1º de setembro de 1997

Tenho orgulho do que sou, de meu país e meu povo, de nossa história e tradição, idioma, música e arte, e acredito firmemente que os africanos têm algo singular a oferecer à cultura mundial.

> De manuscrito autobiográfico inédito,
> escrito na Ilha de Robben, 1975

Os direitos de todo cidadão a seu idioma, cultura e religião também precisam ser garantidos.

>Em discurso ao Parlamento europeu,
>Estrasburgo, França, 13 de junho de 1990

Somente poderemos alcançar essa vida melhor para as pessoas comuns e para os cidadãos de nosso continente se levarmos a sério e priorizarmos os preceitos simples de humanidade dos quais a literatura, a boa literatura, sempre trata. Poderemos alcançar isso se assegurarmos que a literatura e os anseios do espírito humano sejam levados a sério e valorizados em nossa sociedade e em nossas iniciativas de cunho social.

>Banquete comemorativo dos cem melhores livros africanos do século XX, Cidade do Cabo, África do Sul, julho de 2002

DIANTE DAS CRIANÇAS

Admiro os jovens que se preocupam com os assuntos de sua comunidade e de sua nação, talvez porque também tenha me envolvido na militância ainda na escola. Com uma juventude assim, podemos ter certeza de que os ideais celebrados hoje jamais se extinguirão. Os jovens são capazes, quando estimulados, de pôr abaixo as torres da opressão e erguer os estandartes da liberdade.

Aniversário do Dia da Bastilha, Paris, França, 14 de julho de 1996

O século que atravessamos viu mais do que sua parcela de miséria e injustiça entre os povos do mundo, mas as novas gerações educadas em nossas escolas têm todos os motivos para esperar um mundo melhor.

De uma mensagem gravada para
a campanha da organização Round Square,
África do Sul, 4 de outubro de 1996

Em um mundo que tanto condena a apatia da juventude, podemos abrir os braços para os milhões de adolescentes ansiosos em contribuir com suas novas ideias e seu entusiasmo contagiante.

> De uma declaração sobre a criação de uma
> parceria global para as crianças, 6 de maio de 2000

A luta pela emancipação humana efetiva e universal ainda está posta diante das crianças, dos jovens e das futuras gerações de nosso planeta.

> Inauguração da Robert F. Wagner Graduate School of Public Service, Fundo da Associação Africana para o Serviço Público, Universidade de Nova York, EUA, 7 de maio de 2002

Apenas por seus
cabelos grisalhos

Deixem-me reafirmar o óbvio: há muito que passei da adolescência; e a distância até meu destino final é mais curta que a estrada já trilhada ao longo dos anos! Todos nós precisamos viver com essa verdade, sem sofrer uma insegurança exagerada. É o que foi decretado pela natureza.

De um artigo escrito para o *Sunday Times* (África do Sul), 22 de fevereiro de 1996

Uma das vantagens de envelhecer é que as pessoas o respeitam apenas por seus cabelos grisalhos e dizem todo tipo de coisas agradáveis a seu respeito que não se baseiam em quem você realmente é.

Comemoração do octogésimo aniversário, fazenda Gallagher, Midrand, África do Sul, 19 de julho de 1998

Uma sociedade que não valoriza os mais velhos nega suas raízes e põe o futuro em risco. Devemos nos empenhar para aumentar sua capacidade de sustentar-se pelo máximo tempo possível e, quando não puderem mais fazer isso, cuidar deles.

> De uma mensagem anunciando 1999 como
> o Ano Internacional do Idoso instituído
> pela Organização das Nações Unidas (ONU),
> 17 de dezembro de 1998

Não estou doente, estou velho.

> Johannesburgo, África do Sul,
> 27 de janeiro de 2011

NÃO PODE DESARRUMAR MEU CABELO

Se há uma coisa de que posso me gabar, é de ser mais alto que o presidente dos Estados Unidos da América.

> Referindo-se ao presidente Jimmy Carter
> na inauguração do posto de saúde de Zola,
> Soweto, África do Sul, 7 de março de 2002

Não pode desarrumar meu cabelo, levei uma hora para penteá-lo.

> Colocando os fones de ouvido de cabeça para baixo,
> do documentário *Mandela: The Living Legend*, 2003

Um rápido aumento de peso persuadiu-me a cortar o almoço e o lanche da tarde.

> De uma carta ao brigadeiro Keulder, oficial comandante,
> escrita na prisão de Victor Verster,
> Paarl, África do Sul, 9 de outubro de 1989

Sempre que uso esta coisa, não consigo nem conversar. Acho difícil até falar.

> Em conversa com seus assistentes, que querem fazê-lo usar uma gravata-borboleta no jantar oficial de posse, de um documentário da BBC (Reino Unido), 1996

O ESPORTE TEM O PODER
DE MUDAR O MUNDO

Praticar esportes como a corrida, a natação e o tênis o manterá saudável, forte e inteligente.

> De uma carta a Dumani Mandela,
> escrita na prisão de Victor Verster, Paarl,
> África do Sul, 28 de fevereiro de 1989

O esporte tem o poder de superar as antigas divisões e de criar o vínculo das aspirações comuns.

> Banquete da Copa Africana de Nações,
> África do Sul, 1º de março de 1996

Quem pode duvidar de que o esporte seja uma abertura fundamental para a propagação da honestidade e da justiça? Afinal, o *fair play* é um valor essencial ao esporte!

> Em discurso no Prêmio Fair Play Internacional,
> Pretória, África do Sul, 25 de junho de 1997

O esporte tem o poder de mudar o mundo. Tem o poder de inspirar, tem o poder de unir as pessoas de uma forma que poucas outras coisas conseguem. Ele fala aos jovens em uma linguagem que eles compreendem.

> Ao receber o Prêmio Laureus inaugural pelas realizações ao longo da vida, Sporting Club, Mônaco, Monte Carlo, 25 de maio de 2000

O esporte é capaz de criar esperança onde antes havia apenas desespero. É mais poderoso que os governos para derrubar as barreiras raciais. Ele ridiculariza todo tipo de discriminação.

> Ao receber o Prêmio Laureus inaugural pelas realizações ao longo da vida, Sporting Club, Mônaco, Monte Carlo, 25 de maio de 2000

Há um arrependimento que tive por toda a vida: nunca ter me tornado o campeão mundial de boxe peso-pesado.

> Evento com o presidente Bill Clinton, Washington DC, EUA, 1990

Na condição de herói

É muito fácil dividir e destruir. Os heróis são aqueles que fazem a paz e constroem.

> Sexta Palestra Anual Nelson Mandela,
> Walter Sisulu Square, Kliptown,
> Soweto, África do Sul, 12 de julho de 2008

Por milhares de anos e uma geração após a outra, a raça humana tem produzido homens e mulheres dotados de amor, visão e coragem ilimitada. Graças a esses imponentes gigantes, nossa humanidade sempre permaneceu e sempre permanecerá conosco, por mais difíceis que sejam os desafios lançados pela história de um período histórico para o outro.

> Na Conferência Internacional
> The Anatomy of Hate: Resolving Conflict
> through Dialogue and Democracy,
> Oslo, Noruega, 26 de agosto de 1990

Bem, é agradável para as pessoas falar de você na condição de herói. Isso não se direciona realmente a mim. Sou usado como um gancho onde penduram toda a adulação.

> Do documentário *Viva Madiba: A Hero for All Seasons*, 2010

UM TRAÇO DE BONDADE

Eu ousaria dizer que há algo naturalmente bom em todos os seres humanos, derivado, entre outras coisas, do atributo de consciência social que todos possuímos. E, sim, há também algo naturalmente mau em todos nós, feitos de carne e osso que somos, com o consequente desejo de perpetuar e satisfazer o ego.

> Palestra sobre paz na Conferência Mundial sobre Religião e Paz
> (Capítulo Sul-africano), Durban, África do Sul, 7 de agosto de 1994

A simples lição de todas as religiões, de todas as filosofias e da própria vida é que, embora o mal possa estar temporariamente desenfreado, o bem sempre conquistará os louros da vitória no final.

> De uma carta a Fatima Meer,
> escrita na Ilha de Robben, 1º de janeiro de 1976

Conferimos dignidade às pessoas pressupondo sua bondade, sua partilha das qualidades humanas que atribuímos a nós mesmos.

> Sessão conjunta do Parlamento em homenagem
> aos dez anos de democracia, Parlamento,
> Cidade do Cabo, África do Sul, 10 de maio de 2004

Em um mundo cético, tornamo-nos inspiração para muitos. Sinalizamos que é possível alcançar o bem entre os seres humanos preparados para confiar, preparados para acreditar na bondade das pessoas.

> Sessão conjunta do Parlamento em homenagem
> aos dez anos de democracia, Parlamento,
> Cidade do Cabo, África do Sul, 10 de maio de 2004

Há um traço de bondade nos homens que pode ser enterrado ou ocultado e, então, emergir inesperadamente.

> De *Longo caminho para a liberdade*, 1994

A DIFERENÇA QUE FIZEMOS

Está em suas mãos criar um mundo melhor para todos aqueles que o habitam. O Dia de Mandela não será um feriado, mas um dia dedicado ao serviço.

> Fundação Nelson Mandela,
> Johannesburgo, África do Sul, 30 de junho de 2009

Tentamos, em nossa simplicidade, levar a vida de uma forma que pudesse fazer diferença na vida de outras pessoas.

> Ao receber o Prêmio Franklin D. Roosevelt
> das Quatro Liberdades, 8 de junho de 2002

O que conta na vida não é o mero fato de termos vivido. A diferença que fizemos na vida de outras pessoas determinará a importância da vida que levamos.

> Comemoração do nonagésimo aniversário
> de Walter Sisulu, Walter Sisulu Hall, Randburg,
> Johannesburgo, África do Sul, 18 de maio de 2002

Ninguém nasce odiando outra pessoa

Ninguém nasce odiando outra pessoa pela cor de sua pele, por suas origens ou por sua religião. As pessoas precisam aprender a odiar, e, se podem aprender a odiar, é possível ensiná-las a amar, pois o amor chega mais naturalmente ao coração humano do que seu oposto.

De *Longo caminho para a liberdade*, 1994

As pessoas são seres humanos, produzidos pela sociedade em que vivem. Para incentivá-las é preciso enxergar o bem que há nelas.

De uma entrevista, data desconhecida

O aspecto em que alguém se concentra para julgar os outros depende do caráter daquele julgador específico. Assim como julgamos os outros, também somos julgados por eles.

De uma carta a Winnie Mandela,
escrita na Ilha de Robben, 9 de dezembro de 1979

É preciso reconhecer que as pessoas são produzidas pelo lodo da sociedade em que vivem e, portanto, são seres humanos. Têm pontos fortes, têm pontos fracos. Sua tarefa é trabalhar com seres humanos como seres humanos, e não por acreditar que sejam anjos.

De uma conversa com Richard Stengel, 29 de abril de 1993

Todos os homens, inclusive aqueles que aparentam maior frieza, possuem um âmago de decência, e, se tiverem seus corações tocados, serão capazes de mudar.

De *Longo caminho para a liberdade*, 1994

Sempre pensamos que os outros têm chifres antes de conhecê-los.

Após uma visita a Betsie Verwoerd,
Orania, África do Sul, 15 de agosto de 1995

PREPARAR
UM PLANO MESTRE

Um progresso significativo sempre será possível se nós mesmos tentarmos planejar cada detalhe de nossas vidas e ações, e se permitirmos a intervenção do destino somente em nossos próprios termos.

> De uma carta a Thorobetsane Tshukudu
> (Adelaide Tambo), escrita na Ilha de Robben,
> 1º de janeiro de 1977

Preparar um plano mestre e aplicá-lo são duas coisas diferentes.

> De um ensaio intitulado
> "Whither the Black Consciousness Movement",
> escrito na Ilha de Robben, 1978

No início do ano, eu costumava tomar resoluções sobre o que faria, para depois descobrir que não conseguia manter aquela resolução nem por dois dias.

De uma conversa com Richard Stengel, 3 de maio de 1993

É fácil fazer promessas, mas nunca partir para a ação.

Concerto Live 8, Mary Fitzgerald Square,
Johannesburgo, África do Sul, 2 de julho de 2005

Devo me satisfazer com a minha vida como ela é.

Do documentário *Mandela: The Living Legend*, 2003

Aprendemos a lição

Aprendemos a lição de que nossas cicatrizes expressam a forma como a humanidade inteira não deve agir. Compreendemos perfeitamente que nossas glórias apontam para o que de mais elevado o gênio humano pode alcançar.

> Primeiro discurso ao Estado da Nação, Parlamento,
> Cidade do Cabo, África do Sul, 24 de maio de 1994

Também estou aqui hoje como representante dos milhões de pessoas em todo o mundo, do movimento anti*apartheid*, dos governos e das organizações que se uniram a nós, não para lutar contra a África do Sul como país ou contra qualquer de seus povos, mas para opor-se a um sistema desumano e apelar por um rápido encerramento do crime do *apartheid* contra a humanidade.

> Cerimônia de entrega do Prêmio Nobel da Paz,
> Oslo, Noruega, 10 de dezembro de 1993

Fomos obrigados a adotar sanções, pois era a única maneira, exceto a luta armada, para que houvesse avanço.

Em casa, Soweto, África do Sul, 14 de fevereiro de 1990

Raiva e violência em grande escala jamais construirão uma nação.

Discurso em um comício, estádio Kings Park,
Durban, África do Sul, 25 de fevereiro de 1990

A partir da experiência de um extraordinário desastre humano que durou tempo demais, há de nascer uma sociedade da qual toda a humanidade venha a se orgulhar.

Posse como presidente da África do Sul,
Union Buildings, Pretória, África do Sul, 10 de maio de 1994

É CHEGADA A HORA
DE QUE EU ME RETIRE

Cheguei àquela etapa da longa caminhada em que surgiu a oportunidade, como deve ocorrer com todo homem e toda mulher, de aposentar-me para um pouco de descanso e tranquilidade na vila onde nasci.

> Quinquagésima terceira Assembleia Geral das Nações Unidas,
> ONU, cidade de Nova York, EUA, 21 de setembro de 1998

Não quero chegar aos 100 anos ainda tentando encontrar solução para alguma questão internacional complicada.

> De um comunicado de despedida para
> editores e formadores de opinião,
> Pretória, África do Sul, 10 de maio de 1999

Não se esqueçam de que estou procurando emprego.

> Brincando com jornalistas sobre o fato de estar desempregado,
> Johannesburgo, África do Sul, 1º de abril de 2006

Agradeço a gentileza para com um homem idoso – permitindo-lhe descansar um pouco, ainda que muitos de vocês possam achar que, após 27 anos de ociosidade em alguma ilha e em outros lugares, o descanso não seja realmente merecido.

> Sobre "Aposentar-se da aposentadoria", Fundação Nelson Mandela, Johannesburgo, África do Sul, 1º de junho de 2004

É chegada a hora de que eu me retire. É chegada a hora de passar o bastão em um revezamento que teve início há mais de 85 anos.

> Sessão de encerramento da quinquagésima Conferência Nacional do CNA, Universidade de North-West, Campus de Mafikeng, África do Sul, 20 de dezembro de 1997

Foi motivo de grande conforto e consolo para mim quando o muito jovem Bill Clinton veio juntar-se, como eu, às fileiras dos ex-presidentes aposentados e descartados, agora sem cargo nem poder.

> De uma mensagem pré-gravada para a Fundação Clinton, 1º de março de 2004

Parte quatro
FUTURO

O longo caminho continua.

Sessão final do primeiro Parlamento
eleito democraticamente,
Cidade do Cabo, África do Sul,
26 de março de 1999

Era meu dever

Saber que, em seu dia, você cumpriu seu dever e correspondeu às expectativas dos companheiros é, em si, uma experiência compensadora e uma realização magnífica.

> De uma carta a Sheena Duncan, escrita na prisão de Pollsmoor,
> Cidade do Cabo, África do Sul, 1º de abril de 1985

Não houve um dia específico em que eu tenha dito: daqui por diante me dedicarei à libertação de meu povo; na verdade, simplesmente me vi fazendo isso, e não pude agir de outra forma.

> De *Longo caminho para a liberdade*, 1994

Se eu tivesse de viver outra vez, faria exatamente o mesmo. Enquanto nosso povo fosse oprimido e privado de tudo para fazer felizes outros seres humanos e permitir que aproveitassem a vida, era meu dever intervir, e eu repetiria tudo várias e várias vezes.

Do documentário Mandela: The Living Legend, 2003

O apelo agora é para que cada um de nós se pergunte: estamos fazendo tudo o que podemos para ajudar a construir o país de nossos sonhos?

Celebração intercultural do Eid,* Johannesburgo,
África do Sul, 30 de janeiro de 1998

---

* Festival islâmico que marca o fim do Ramadã. [N. da T.]

O FUTURO PERTENCE
À NOSSA JUVENTUDE

Cabe à juventude fazer com que nossa sociedade rompa decisiva e terminantemente com as definições restritivas e desagregadoras do passado.

> Cerimônia de ressepultamento de Anton Lembede,
> Mbumbulu, África do Sul, 27 de outubro de 2002

Para os jovens de hoje, também tenho um desejo a expressar: sejam os roteiristas de seu destino e retratem-se como estrelas.

> Comemoração do aniversário do Fundo Nelson Mandela
> para Crianças, Colégio Francês Internacional, Johannesburgo,
> África do Sul, 9 de julho de 2008

A demonstração de liderança de nossa juventude atual me conforta, indicando que nem tudo está perdido.

Comemoração do aniversário do Fundo Nelson Mandela para Crianças, Colégio Francês Internacional, Johannesburgo, África do Sul, 9 de julho de 2008

O futuro pertence à nossa juventude. À medida que alguns de nós aproximamo-nos do fim de nossas carreiras políticas, os mais jovens precisam assumir. Precisam buscar e prezar a condição mais básica para a paz, a saber: a unidade em nossa diversidade, e encontrar caminhos duradouros que conduzam a esse objetivo.

Ao receber um doutorado honorário, Universidade de Kwazulu-Natal, África do Sul, 30 de maio de 1998

A ÚNICA BASE PARA
A FELICIDADE HUMANA

Sou influenciado, mais do que nunca, pela convicção de que a igualdade social é a única base para a felicidade humana.

De uma carta ao senador Douglas Lukhele,
escrita na Ilha de Robben, 1º de agosto de 1970

Há de ser um mundo melhor: um mundo em que os direitos de todo indivíduo sejam respeitados, que dê continuidade às aspirações do passado para um bom viver e que permita a cada indivíduo desenvolver ao máximo seu potencial.

De uma mensagem para o Fórum Social Mundial,
Mumbai, Índia, janeiro de 2004

Precisamos garantir que cor, raça e gênero tornem-se somente um dom atribuído por Deus a cada um de nós, e não uma marca ou um atributo indelével que confira uma condição especial a qualquer pessoa.

Quadragésima nona sessão da Assembleia Geral das Nações Unidas, cidade de Nova York, EUA, 2 de outubro de 1994

Uma nação não deve ser julgada pela forma como trata seus cidadãos de posição mais elevada, e sim pela forma como trata os mais humildes.

De *Longo caminho para a liberdade*, 1994

A AIDS DEIXOU DE SER APENAS UMA DOENÇA

Quanto mais nos faltam coragem e vontade de agir, mais condenamos à morte nossos irmãos e irmãs, nossos filhos e netos. Quando for escrita a história de nossos tempos, seremos lembrados como a geração que virou as costas em um momento de crise global, ou será recordado que fizemos a coisa certa?

> Concerto 46664, Tromso, Noruega, 11 de junho de 2005

Precisamos romper o silêncio, banir o estigma e a discriminação e garantir a total inclusão na luta contra a AIDS; os infectados por esta terrível doença não querem ser estigmatizados, querem ser amados.

> Discurso de encerramento da XIII Conferência Internacional de AIDS, Durban, África do Sul, 14 de julho de 2000

A AIDS deixou de ser apenas uma doença: é uma questão de direitos humanos.

> Concerto 46664, estádio Green Point,
> Cidade do Cabo, África do Sul, 29 de novembro de 2003

Somos todos humanos, e a epidemia de HIV/AIDS, no fim das contas, afeta a todos nós. Se descartarmos as pessoas que estão morrendo de AIDS, não poderemos mais nos denominar pessoas.

> Cerimônia de encerramento da XIV Conferência Internacional de AIDS, Barcelona, Espanha, 12 de julho de 2002

Meu filho morreu de AIDS.

> Coletiva de imprensa anunciando a morte de seu filho Makgatho, de AIDS, Johannesburgo, África do Sul, 6 de janeiro de 2005

A ERRADICAÇÃO DA POBREZA

A pobreza extrema é degradante, é uma agressão à dignidade daqueles que a suportam. Por fim, ela degrada a todos nós. Torna nossa liberdade menos significativa.

> Ao receber o Prêmio da Liberdade concedido pelo Museu Nacional de Direitos Civis, Memphis, Tennessee, EUA, 22 de novembro de 2000

A pobreza e a desigualdade material são inimigas da paz e da estabilidade duradouras.

> Sessão de encerramento da quinquagésima Conferência Nacional do CNA, Universidade de North-West, Campus de Mafikeng, África do Sul, 20 de dezembro de 1997

Um futuro seguro para a humanidade depende, mais que de qualquer outra coisa, da rápida redução da lacuna entre ricos e pobres dentro de cada nação e entre as nações.

> Vigésima sexta Conferência Internacional de Aperfeiçoamento do Ensino Universitário, Universidade de Johannesburgo, Johannesburgo, África do Sul, julho de 2001

Precisamos colocar a erradicação da pobreza no topo das prioridades mundiais. Precisamos ter a convicção vigorosa de que todos nós compartilhamos uma só humanidade, e de que nossa diversidade no mundo é a força para o futuro em comum.

> Banquete comemorativo dos cem melhores livros africanos do século XX, Cidade do Cabo, África do Sul, julho de 2002

Onde existe pobreza, não há verdadeira liberdade.

> Lançamento da campanha "Make Poverty History", Trafalgar Square, Londres, Inglaterra, 3 de fevereiro de 2005

CATIVOS NA
PRISÃO DA POBREZA

Empregos, empregos e empregos são a linha divisória em muitas famílias entre uma vida decente e uma existência miserável. Representam, para muitos, a diferença entre autoestima e desamparo.

Debate orçamentário presidencial, Parlamento,
Cidade do Cabo, África do Sul, 20 de junho de 1996

Ser pobre é uma coisa terrível.

De uma conversa com Ahmed Kathrada, por volta de 1993/94

Tal como a escravidão e o *apartheid*, a pobreza não é natural. É produzida pelo homem, e pode ser superada e erradicada pelas ações dos seres humanos.

Lançamento da campanha "Make Poverty History",
Trafalgar Square, Londres, Inglaterra, 3 de fevereiro de 2005

Neste novo século, milhões de pessoas nos países mais pobres do mundo permanecem prisioneiras, escravizadas e acorrentadas. São cativas na prisão da pobreza. Já é hora de libertá-las.

Lançamento da campanha "Make Poverty History",
Trafalgar Square, Londres, Inglaterra, 3 de fevereiro de 2005

A superação da pobreza não é um gesto de caridade. É um ato de justiça. É a proteção de um direito humano fundamental, o direito à dignidade e a uma vida decente.

Concerto Live 8, Mary Fitzgerald Square,
Johannesburgo, África do Sul, 2 de julho de 2005

O PAPEL E O LUGAR DAS MULHERES

Não será possível alcançar a liberdade sem que as mulheres tenham sido emancipadas de todas as formas de opressão.

> Primeiro discurso ao Estado da Nação, Parlamento,
> Cidade do Cabo, África do Sul, 24 de maio de 1994

Não podemos mais sobrepor a questão nacional aos problemas de gênero; de fato, não podemos mais pensar na questão nacional sem levar em conta o papel e o lugar das mulheres na sociedade.

> Discurso em jantar comemorativo do Mês da Mulher,
> Country Club de Johannesburgo, Johannesburgo,
> África do Sul, 25 de agosto de 2003

Jamais considerei as mulheres menos competentes que os homens em nenhum aspecto.

> De uma carta à advogada Felicity Kentridge,
> escrita na Ilha de Robben, 9 de maio de 1976

CRÍTICAS SÃO NECESSÁRIAS EM QUALQUER SOCIEDADE

A questão de cercar-se, tanto nas organizações quanto em seu trabalho individual, de pessoas fortes, que resistirão caso você faça algo de errado, é realmente válida.

Na abertura da Cúpula da Liberdade do CNA/Inkatha,
Durban, África do Sul, 29 de janeiro de 1991

Sabemos muito bem, a partir de nossas experiências passadas, que a troca sólida e honesta de opiniões e as críticas são necessárias em qualquer sociedade, para que seja verdadeiramente democrática, e para que qualquer governo mantenha seu rumo.

Almoço oferecido pela Associação de Editores,
África do Sul, 6 de setembro de 1994

Nenhum indivíduo, nenhuma corrente de pensamento, nenhuma doutrina política ou religiosa podem reivindicar o monopólio da verdade.

>   Discurso à Federação Internacional de Editores de Jornais,
>   Praga, República Tcheca, 26 de maio de 1992

Uma população instruída, esclarecida e informada é uma das maneiras mais confiáveis de se promover a integridade de uma democracia.

>   Colégio St. John's, Johannesburgo,
>   África do Sul, 6 de outubro de 2003

Nos assuntos humanos, nenhum indivíduo, organização ou grupo social jamais terão uma posição final ou absolutamente correta. É por meio do diálogo, do debate e da discussão crítica que aproximamos posições capazes de produzir soluções viáveis.

>   Mensagem ao oitavo Congresso dos
>   Sindicatos Sul-africanos (COSATU), Midrand,
>   África do Sul, 15 a 18 de setembro de 2003

UMA CULTURA DE AFETO

A preocupação fundamental com os outros em nossas vidas individuais e comunitárias faria uma grande diferença para transformar o mundo no lugar melhor com que sonhamos tão apaixonadamente.

Sexta Palestra Anual Nelson Mandela,
Kliptown, Soweto, África do Sul, 12 de julho de 2008

Não pode haver dádiva maior que doar seu tempo e sua energia para ajudar os outros sem esperar nada em troca.

Cerimônia de reconhecimento à FCB Harlow Butler Pty (Ltd.)
pelo apoio aos programas de HIV/AIDS e educação da Fundação
Nelson Mandela, em discurso na Fundação Nelson Mandela,
Johannesburgo, África do Sul, 27 de fevereiro de 2004

Os seres humanos consideram sua capacidade mental a característica que mais os define como espécie. Reagir de maneira afetuosa à deficiência dessa capacidade em outras pessoas significa conhecer-nos realmente como seres humanos e vivenciar nossa humanidade.

> Discurso em evento beneficente para o Lar Takalani
> de Deficientes Mentais, Sparrow Schools e Living Link,
> África do Sul, setembro de 2002

Nossa sociedade precisa restabelecer uma cultura de afeto.

> Almoço do Dia dos Pais oferecido por Zindzi Mandela,
> Hyatt Women of Vision Club,
> Johannesburgo, África do Sul, 1º de junho de 2001

AS BASES DA VIDA ESPIRITUAL DO INDIVÍDUO

As armas espirituais podem ser dinâmicas e costumam ter um impacto difícil de avaliar, exceto à luz da experiência concreta em determinadas situações. De certa forma, transformam prisioneiros em homens livres, plebeus em monarcas e poeira em ouro puro.

De uma carta ao senador Douglas Lukhele,
escrita na Ilha de Robben, 1º de agosto de 1970

Há respeito universal e até admiração por aqueles que são humildes e simples por natureza, e que têm confiança absoluta em todos os seres humanos independentemente de seu status social.

Da continuação inédita de sua autobiografia, por volta de 1998

Ao julgar nosso progresso como indivíduos, tendemos a nos concentrar em fatores externos como posição social, influência e popularidade, riqueza e nível de instrução. Logicamente, estes são elementos importantes para avaliar o sucesso de alguém nos aspectos materiais, e é perfeitamente compreensível que muitas pessoas concentrem seus melhores esforços em alcançá-los. Mas os fatores internos podem ser ainda mais decisivos para avaliar nosso desenvolvimento como seres humanos. Honestidade, sinceridade, simplicidade, humildade, generosidade absoluta, ausência de vaidade, disposição para servir aos outros – qualidades bem ao alcance de toda criatura – são as bases da vida espiritual do indivíduo.

De uma carta a Winnie Mandela,
escrita na Ilha de Robben, 1º de fevereiro de 1975

AS QUESTÕES DE DIREITOS HUMANOS ESTÃO ARRAIGADAS

Vocês devem continuar a promover o princípio da liberdade e da democracia incondicionais, pois esta é a base em que as questões de direitos humanos estão arraigadas.

> De uma mensagem em vídeo para
> o Festival Nacional da Juventude, África do Sul, junho de 2008

Negar às pessoas seus direitos humanos significa agredi-las na essência de sua humanidade. Impor-lhes uma vida miserável de fome e privação é o mesmo que desumanizá-las.

> Em discurso a uma sessão conjunta das Casas do Congresso,
> Washington DC, EUA, 26 de junho de 1990

Os direitos humanos básicos de todos os nossos cidadãos têm de ser protegidos e garantidos para assegurar a liberdade verdadeira de cada indivíduo.

> Encontro de Liderança Empresarial, World Trade Center,
> cidade de Nova York, EUA, 21 de junho de 1990

Sou o ex-prisioneiro número 46664; portanto, há um lugar especial em meu coração para todos aqueles a quem é negado acesso aos direitos humanos básicos.

> Cerimônia de encerramento da XV Conferência de AIDS,
> Bangcoc, Tailândia, 16 de julho de 2004

A missão da liberdade, da democracia e dos direitos humanos significativos ainda está para ser cumprida.

> Em discurso no encerramento do debate orçamentário presidencial,
> Parlamento, Cidade do Cabo, África do Sul, 22 de abril de 1998

País nenhum, por mais poderoso que seja

País nenhum, por mais poderoso que seja, tem o direito de agir à revelia da Organização das Nações Unidas. A ONU foi constituída para que os países, seja qual for seu continente de origem, ajam por meio de uma instituição organizada e disciplinada. A ONU existe para promover a paz no mundo, e qualquer país que atue à sua revelia estará cometendo um grave equívoco.

Coletiva de imprensa, Jacarta, Indonésia, 30 de setembro de 2002

Se há um país que cometeu atrocidades indizíveis no mundo, são os Estados Unidos da América.

Discurso em uma conferência no Fórum Internacional das Mulheres, Tóquio, Japão, 30 de janeiro de 2003

Divergi da liderança política norte-americana por acreditar que suas ações eram contrárias aos valores mais elevados do estilo de vida e da Constituição norte-americanos. Por exemplo, opus-me fortemente à ação unilateral executada sem o aval da Organização das Nações Unidas em relação ao Iraque. Contudo, isso não diminuiu meu respeito pelo papel de liderança dos Estados Unidos no mundo, nem meu reconhecimento pelo papel que seus líderes desempenham no mundo.

Simpósio Milton S. Eisenhower, Universidade Johns Hopkins, Baltimore, EUA, 12 de novembro de 2003

Acho que os Estados Unidos se embriagaram com o poder.

Do documentário *Mandela: The Living Legend*, 2003

O GUARDIÃO DE NOSSOS IRMÃOS E IRMÃS

Estes incontáveis seres humanos, tanto dentro quanto fora de nosso país, tiveram a nobreza de espírito de interpor-se no caminho da tirania e da injustiça, sem visar lucro pessoal. Eles reconheceram que o prejuízo de um é o prejuízo de todos.

Cerimônia de entrega do Prêmio Nobel da Paz,
Oslo, Noruega, 10 de dezembro de 1993

Somos todos, neste mundo moderno e globalizado, guardiães de nossos irmãos e irmãs. Muitas vezes falhamos em atender a esse apelo moral.

Palestra na Cruz Vermelha Britânica sobre humanidade,
Centro de Conferências Queen Elizabeth II,
Londres, Inglaterra, 10 de julho de 2003

Se alguém aos 90 anos puder oferecer um conselho nesta ocasião, mesmo sem ser consultado, será que vocês, independentemente da idade, coloquem a solidariedade humana, a preocupação com o outro, no centro dos valores que orientam suas vidas.

Sexta Palestra Anual Nelson Mandela,
Kliptown, Soweto, África do Sul, 12 de julho de 2008

Os valores de solidariedade humana que costumavam direcionar nossa busca de uma sociedade humanitária parecem ter sido substituídos, ou estão sendo ameaçados, por um materialismo crasso e pela perseguição de objetivos sociais de gratificação imediata. Um dos desafios de nosso tempo, sem pietismo ou moralismo, consiste em reinstilar na consciência de nosso povo esse sentido de solidariedade humana, de estarmos no mundo uns para os outros, por causa dos outros e pelos outros.

Quinta Palestra Steve Biko, Universidade da Cidade do Cabo,
Cidade do Cabo, África do Sul, 10 de setembro de 2004

TODAS AS PARTES
DE NOSSO PLANETA

Não gosto de matar nenhum ser vivo, nem sequer aquelas criaturas que enchem algumas pessoas de pavor.

De *Longo caminho para a liberdade*, 1994

Os riachos de minha juventude, antes lugares de beleza e inspiração, estavam agora obstruídos e poluídos. Eu via os descendentes das mães de nosso povo curvando-se para recolher com as próprias mãos a porção mais limpa da água suja e perigosa nesses riachos e fontes.

Ao receber o Prêmio Planeta e Humanidade,
União Internacional de Geografia,
Durban, África do Sul, 4 de agosto de 2002

Nosso futuro como seres humanos depende do uso inteligente e prudente dos oceanos. E isso, por sua vez, dependerá dos esforços determinados de homens e mulheres dedicados de todas as partes de nosso planeta.

> Quinta sessão da Comissão Mundial
> Independente para os Oceanos, Cidade do Cabo,
> África do Sul, 11 de novembro de 1997

Precisamos nos unir para transformar nosso mundo em uma fonte sustentável para nosso futuro como humanidade neste planeta.

> Ao receber o Prêmio Planeta e Humanidade,
> União Geográfica Internacional,
> Durban, África do Sul, 4 de agosto de 2002

Desafiaremos os atuais mercadores do ceticismo

Não daremos pequenos passos, mas saltos gigantescos rumo a um futuro brilhante no novo milênio. Assim como derrotamos os profetas do apocalipse, desafiaremos os atuais mercadores do ceticismo e do desespero.

Discurso ao Estado da Nação, Parlamento,
Cidade do Cabo, África do Sul, 5 de fevereiro de 1999

À̀s vezes, cabe a uma geração ser grandiosa. Vocês podem ser essa grande geração. Deixem sua grandiosidade florescer.

Lançamento da campanha "Make Poverty History",
Trafalgar Square, Londres, Inglaterra, 3 de fevereiro de 2005

O ÚNICO CAMINHO ABERTO

Transponham o abismo, usem de tolerância e compaixão, sejam inclusivos em vez de exclusivos, cultivem a dignidade e o orgulho, incentivem a liberdade de expressão para criar uma sociedade civil em prol da unidade e da paz.

Abertura do congresso de desenvolvimento cultural no Teatro Cívico, Johannesburgo, África do Sul, 25 de abril de 1993

Deixem a tolerância pelos pontos de vista do outro criar as condições pacíficas capazes de abrir espaço para que o melhor em todos nós consiga expressar-se e florescer.

Na assinatura da nova Constituição,
Sharpeville, Vereeniging, África do Sul, 10 de dezembro de 1996

Podemos construir uma sociedade embasada na amizade e em nossa humanidade comum – uma sociedade fundamentada na tolerância. Este é o único caminho aberto para nós. É um caminho para um futuro glorioso em nosso belo país. Vamos dar as mãos e caminhar rumo ao futuro.

> De um anúncio da data das eleições,
> processo multipartidário de negociações,
> Kempton Park, África do Sul, 17 de novembro de 1993

A tarefa de uma nova geração é liderar e assumir responsabilidade; a nossa fez o melhor que pôde em seu tempo.

> De uma mensagem para o lançamento do
> Manifesto Eleitoral do CNA e para as comemorações
> do nonagésimo sétimo aniversário, estádio Absa,
> East London, África do Sul, 10 de janeiro de 2009

UM FUTURO BRILHANTE
NOS ACENA

Será que as futuras gerações dirão de nós: "Eles, de fato, lançaram as bases para a erradicação da pobreza mundial; conseguiram estabelecer uma nova ordem mundial baseada no respeito mútuo, na parceria e na equidade"?

Em palestra no Centro de Estudos Islâmicos de Oxford,
Sheldonian Theatre, Oxford, Inglaterra, 11 de julho de 1997

Podemos ter confiança em afirmar que está ao nosso alcance a declaração de que nunca mais continentes, países ou comunidades serão reduzidos a campos fumegantes de batalha por forças rivais quanto a nacionalidade, religião, raça ou idioma? Faremos frente ao desafio que a história nos propôs, de assegurar que a prodigiosa capacidade mundial de crescimento econômico beneficie a toda a população, e não apenas aos poderosos?

Em palestra no Centro de Estudos Islâmicos de Oxford,
Sheldonian Theatre, Oxford, Inglaterra, 11 de julho de 1997

Que jamais digam as futuras gerações que a indiferença, o ceticismo ou o egoísmo nos impediram de fazer jus aos ideais de humanismo sintetizados no Prêmio Nobel da Paz. Que os esforços de todos nós provem a razão de Martin Luther King Jr. ao afirmar que a humanidade não pode mais estar tragicamente atada à escura noite sem estrelas do racismo e da guerra.

> Cerimônia de entrega do Prêmio Nobel da Paz,
> Oslo, Noruega, 10 de dezembro de 1993

Um futuro brilhante nos acena. Cabe a nós, por meio de trabalho árduo, honestidade e integridade, o ônus de alcançar as estrelas.

> Nas celebrações do Dia da Liberdade,
> Pretória, África do Sul, 27 de abril de 1996

Discurso de aceitação do Prêmio Nobel da Paz, 1993

Vossa Majestade, Vossa Alteza Real, prezados membros do Comitê Nobel Norueguês, ilustre primeiro-ministro, madame Gro Harlem Brundtland, senhores ministros, membros do Parlamento e embaixadores, prezado colaureado, Sr. F. W. de Klerk, distintos convidados, amigos, senhoras e senhores.

Estendo meus sinceros agradecimentos ao Comitê Nobel Norueguês por elevar-nos ao status de agraciado com o Prêmio Nobel da Paz.

Gostaria também de aproveitar a oportunidade para congratular meu compatriota e colaureado, o presidente de Estado F. W. de Klerk, pelo recebimento desta grande honraria.

Juntos, unimo-nos a dois distintos sul-africanos, o finado chefe Albert Luthuli e Sua Graça o arcebispo Desmond Tutu, cujas contribuições seminais à luta pacífica contra o sistema perverso do *apartheid* receberam o merecido tributo pela concessão do Prêmio Nobel da Paz.

Não será presunção de nossa parte acrescentar ainda, entre nossos predecessores, o nome de outro extraordinário agraciado com o Prêmio Nobel da Paz, o finado reverendo Martin Luther King Jr.

Também ele combateu e morreu empenhado em fazer uma contribuição para a solução justa das mesmas grandes questões prementes que tivemos de enfrentar como sul-africanos.

Falamos aqui do desafio das dicotomias entre guerra e paz, violência e não violência, racismo e dignidade humana, opressão e repressão, liberdade e direitos humanos, pobreza e libertação da miséria.

Apresentamo-nos aqui hoje como nada mais que um representante dos milhões entre nossa gente que ousaram levantar-se contra um sistema social cuja própria essência é a guerra, a violência, o racismo, a opressão, a repressão e o empobrecimento de todo um povo.

Também estou aqui hoje como representante dos milhões de pessoas em todo o mundo, do movimento anti*apartheid*, dos governos e das organizações que se uniram a nós, não para lutar contra a África do Sul como país ou contra qualquer de seus povos, mas para opor-se a um sistema desumano e apelar por um rápido encerramento do crime do *apartheid* contra a humanidade.

Estes incontáveis seres humanos, tanto dentro quanto fora de nosso país, tiveram a nobreza de espírito de interpor-se no caminho da tirania e da injustiça, sem visar lucro pessoal. Eles reconheceram que o prejuízo de um é o prejuízo de todos e, portanto, agiram juntos em defesa da justiça e de uma decência humana comum.

Graças à sua coragem e persistência por muitos anos, hoje já podemos marcar a data em que toda a humanidade se unirá para celebrar uma das vitórias humanas extraordinárias de nosso século.

Quando esse momento chegar, juntos nos regozijaremos na vitória comum contra o racismo, o *apartheid* e o domínio da minoria branca.

Esse triunfo finalmente encerrará uma história de quinhentos anos de colonização africana iniciada pelo estabelecimento do império português.

Marcará, assim, um grande passo à frente na história, e representará também o compromisso geral de todos os povos do mundo na luta contra o racismo, onde quer que ocorra e seja qual for a faceta que assuma.

Na extremidade sul do continente africano, encontra-se em produção uma valiosa recompensa, prepara-se uma dádiva inestimável para aqueles que sofreram em nome da humanidade quando sacrificaram tudo – por liberdade, paz, dignidade e realização humanas.

Essa recompensa não será medida em escala monetária, nem poderá ser avaliada pelo preço coletivo dos metais raros e das pedras preciosas que descansam nas profundezas do solo africano que trilhamos, seguindo os passos de nossos ancestrais.

Ela será e deverá ser medida pela felicidade e pelo bem-estar das crianças, que são ao mesmo tempo os cidadãos mais vulneráveis em qualquer sociedade e o maior de nossos tesouros.

As crianças precisam, finalmente, brincar livres nas savanas, já não torturadas pelos espasmos da fome, ceifadas pelas doenças nem ameaçadas pelo flagelo da ignorância, do assédio e do abuso, e já não obrigadas a participar de ações cuja gravidade exceda as necessidades de sua tenra idade.

Diante deste público distinto, firmamos o compromisso da nova África do Sul com a busca incansável dos objetivos definidos na Declaração Mundial sobre a Sobrevivência, a Proteção e o Desenvolvimento da Criança.

A recompensa que mencionamos também será e deverá ser medida pela felicidade e pelo bem-estar das mães e dos pais dessas crianças, que precisam caminhar sobre a Terra sem medo de ser roubados, mortos em troca de vantagens políticas ou materiais nem desprezados por ser indigentes.

Também eles precisam ser aliviados do pesado fardo de desespero que carregam em seus corações, nascido da fome, da carência de abrigo e do desemprego.

O valor desta dádiva para todos os que sofreram será e deverá ser medido pela felicidade e pelo bem-estar de todas as pessoas em nosso país, que terão derrubado as paredes desumanas que as dividiam.

Essas grandes massas terão virado as costas para o grave insulto à dignidade humana que descrevia alguns como mestres e outros como servos, e transformava a todos em predadores cuja sobrevivência dependia da destruição do outro.

O valor de nossa recompensa compartilhada será e deverá ser medido pela paz jubilosa que triunfará, pois a humanidade comum que congrega negros e brancos em uma só raça humana terá dito a cada um de nós que todos viveremos como as crianças do paraíso.

Assim deveremos viver, pois teremos criado uma sociedade capaz de reconhecer que todas as pessoas nascem iguais, todas merecedoras na mesma medida de liberdade, prosperidade, direitos humanos e governo adequado.

Tal sociedade não deve jamais permitir novamente que haja prisioneiros de consciência,* nem que os direitos humanos de qualquer pessoa sejam violados.

---

* Termo empregado pela Anistia Internacional para designar pessoas detidas pela expressão pacífica de suas opiniões políticas, religiosas ou de qualquer outra natureza. [N. da T.]

Também não se deve repetir jamais o bloqueio das vias para a mudança pacífica por parte de usurpadores desejosos de subtrair o poder do povo em proveito próprio, com objetivos ignóbeis.

Quanto a essas questões, apelamos aos governantes de Burma para que libertem a também laureada com o Prêmio Nobel da Paz, Aung San Suu Kyi, e iniciem com ela e com aqueles a quem representa um diálogo efetivo, em benefício de toda a população de Burma.

Rogamos que os detentores do poder para fazê-lo permitam, sem mais demora, que ela use seus talentos e energias para o bem maior do povo de seu país e da humanidade como um todo.

Longe das escaramuças políticas de nosso país, eu gostaria de aproveitar a oportunidade para unir-me ao Comitê Nobel Norueguês e prestar tributo a meu colaureado, o Sr. F. W. de Klerk.

Ele teve a coragem de admitir que um terrível mal foi perpetrado contra nosso país e nosso povo pela imposição do sistema do *apartheid*.

Ele teve a visão necessária para compreender e aceitar que todos os habitantes da África do Sul, por meio de negociações e como participantes igualitários no processo, devem juntos determinar o que desejam fazer de seu futuro.

Porém, há ainda alguns em nosso país que equivocadamente acreditam poder contribuir para a causa da justiça e da paz agarrando-se a palavras de ordem que, como prova a experiência, nada articulam senão resultados desastrosos.

Mantemos a esperança de que também estes serão abençoados com razão suficiente para perceber que a história não pode ser contrariada, e que não é possível criar a nova sociedade reproduzindo o passado repugnante, por mais refinado ou remodelado que seja.

Também gostaríamos de aproveitar a ocasião para prestar tributo às diversas formações do movimento democrático em nosso país, inclusive aos membros da Frente Patriótica, que desempenharam um papel central em trazer o país para tão perto da transformação democrática quanto está hoje.

Traz-nos satisfação que muitos representantes destas formações, inclusive pessoas que serviram ou servem nas estruturas "domésticas", tenham vindo conosco a Oslo. Também eles devem compartilhar a honraria conferida pelo Prêmio Nobel da Paz.

Vivemos na esperança de que, em meio à luta para reconstruir-se, a África do Sul seja como um microcosmo do novo mundo que se empenha em nascer.

Há de ser um mundo de democracia e respeito pelos direitos humanos, um mundo livre dos horrores da pobreza, da fome, da escassez e da ignorância, liberado da ameaça e do flagelo das guerras civis e das agressões externas e aliviado da grande tragédia representada pelos milhões obrigados a tornar-se refugiados.

Os processos em que estão envolvidas a África do Sul e a região da África Austral como um todo convocam e incitam a todos nós a seguir o curso da maré e fazer da região um exemplo vivo daquilo que todas as pessoas de consciência gostariam que fosse o mundo.

Não acreditamos que o objetivo deste Prêmio Nobel da Paz seja dar destaque a questões já ocorridas e passadas.

Ouvimos as vozes que afirmam ser um apelo de todos aqueles, por todo o universo, que buscaram pôr fim ao sistema do *apartheid*.

Compreendemos seu clamor para que dediquemos o restante de nossas vidas ao uso da experiência única e dolorosa de nosso país para demonstrar, na prática, que a condição normal da existência humana consiste em democracia, justiça, paz, ausência de racismo e de sexismo, prosperidade para todos, um ambiente saudável e igualdade e solidariedade entre os povos.

Movidos por esse apelo e inspirados pela eminência que nos foi conferida, comprometemo-nos a fazer também o que pudermos a fim de contribuir para a renovação de nosso mundo, de forma que ninguém seja descrito, no futuro, como "os condenados da terra".

Que jamais digam as futuras gerações que a indiferença, o ceticismo ou o egoísmo nos impediram de fazer jus aos ideais de humanismo sintetizados no Prêmio Nobel da Paz.

Que os esforços de todos nós provem a razão de Martin Luther King Jr. ao afirmar que a humanidade não pode mais estar tragicamente atada à escura noite sem estrelas do racismo e da guerra.

Que os esforços de todos nós provem que ele não era um mero sonhador quando louvava a beleza da fraternidade e da paz autênticas, considerando-as mais preciosas que diamantes, prata e ouro.

Que venha o alvorecer de uma nova era!

Obrigado.

Agradecimentos

O Centro de Memória da Fundação Nelson Mandela gostaria de agradecer a Nelson Rolihlahla Mandela pelas palavras sábias proferidas no decorrer de uma vida longa e rica: pela sabedoria que comunicam, pela bravura que inspiram e pelo calor que transmitem.

O Centro de Memória da Fundação Nelson Mandela proporcionou uma plataforma de trabalho centrada na vida, na época e na herança de Nelson Mandela, e com isso abriu espaço para a criação, entre outros projetos, de livros como este. Nesse aspecto, merecem agradecimento o presidente do Conselho da Fundação Nelson Mandela, professor G. J. Gerwel; o Conselho Administrativo da Fundação Nelson Mandela – Ahmed Kathrada, Chris Liebenberg, Irene Menell, Kgalema Motlanthe e Tokyo Sexwale; e o diretor-executivo da Fundação Nelson Mandela, Achmat Dangor.

Verne Harris dirige o Centro de Memória; seu apoio gerou a oportunidade para a publicação deste livro. Não fossem o entusiasmo e a energia de Geoff Blackwell e Ruth Hobday, da PQ Blackwell, esta coletânea jamais teria visto a luz do dia.

Os membros de nossa equipe no Centro de Memória também forneceram um apoio essencial: Lee Davies, Boniswa Nyati, Lucia Raadschelders, Zanele Riba e Razia Saleh. Nossos colegas Yase Godlo, Zelda la Grange, Thoko Mavuso, Vimla Naidoo e Maretha Slabbert prestaram uma assistência inestimável.

Gostaríamos também de estender nossa gratidão a Ahmed Kathrada e Richard Stengel pela doação de muitas horas de entrevistas gravadas com Mandela (feitas ao longo da produção de sua autobiografia, *Longo caminho para a liberdade*, e da obra *Mandela: The Authorised Biography*, de Anthony Sampson), bem como aos Arquivos Nacionais Sul-africanos.

Somos gratos também a Rachel Clare, Sarah Anderson, Anant Singh e Nilesh Singh e ao Dr. P. R. Anderson, Jennifer Pogrund, Anton Swart, Kerry Harris, Gail Behrmann, John Battersby, professor Charles Villa-Vicencio e Beata Lipman.

O trabalho de todos aqueles que buscam preservar com precisão as palavras e a herança de Madiba é digno de nosso reconhecimento. Merecem um agradecimento especial em relação a este projeto Imani Media, Sarah Halfpenny, Richard Atkinson e Brian Widlake.

Quanto a esta edição, gostaríamos de agradecer ao arcebispo Desmond Tutu pela introdução. Desejamos também estender nossa gratidão a Lynn Franklin, e a Lara Love por sua assistência inestimável para finalizar a seleção das citações que você encontra nesta obra.

Bibliografia Selecionada

LIVROS

Daymond, M. J.; Sandwith, Corinne (Eds.). *Africa South: Viewpoints 1956-1961*. Scottsville, África do Sul: University of KwaZulu-Natal Press, 2011.

Fundação Nelson Mandela. *A Prisoner in the Garden:* Opening Nelson Mandela's Prison Archive. Johannesburgo: Penguin, 2005.

Mandela, Nelson. *Conversations with Myself.* Londres: Macmillan Publishers, 2010; Nova York: Farrar, Straus and Giroux, 2010.

Mandela, Nelson. *Long Walk to Freedom*. Londres: Little, Brown and Company, 1994.

Meer, Fatima. *Higher Than Hope*. Johannesburgo: Skotaville Publishers, 1988.

Nicol, Mike. *Mandela: The Authorised Portrait*. Auckland, Nova Zelândia: PQ Blackwell, 2006.

Villa-Vicencio, Charles. *The Spirit of Freedom: South African Leaders on Religion and Politics*. Berkeley e Los Angeles: University of California Press, 2006.

DOCUMENTÁRIOS

Countdown to Freedom: Ten Days that Changed South Africa. Direção: Danny Schechter. Globalvision. EUA, 1994.

The Last Mile: Mandela, Africa and Democracy. Direção: Jennifer Pogrund. África do Sul, 1992.

Legends: Nelson Mandela. Direção: Walter Sucher. SWR. Alemanha, 2005.

Mandela at 90. Direção: Clifford Bestall. Giant Media Productions. Reino Unido, 2008.

Mandela in America. Direção: Danny Schechter. Globalvision. EUA, 1990.

Mandela: Son of Africa, Father of a Nation. Direção: Joe Menell; Angus Gibson. Clinica Estetico/Island Pictures. EUA, 1996.

Mandela: The Living Legend. Direção: Dominic Allan. BBC Television (UK). Reino Unido, 2003.

"Nelson Mandela." In: *Headliners and Legends*. MSNBC. EUA, 2006.

Nelson Mandela Life Story. Imani Media para a Fundação Nelson Mandela. África do Sul, 2008.

A South African Love Story: Walter and Albertina. Direção: Toni Strasburg. XOXA Productions/Quest Star Communication. África do Sul, 2004.

Viva Madiba: A Hero for All Seasons. Direção: Catherine Meyburgh; Danny Schechter (consultor de direção). Videovision Entertainment. África do Sul, 2010.

WEBSITE

www.nelsonmandela.org

Impressão e Acabamento:
GRÁFICA STAMPPA LTDA.
Rua João Santana, 44 - Ramos - RJ